¡ACTIVA TU GPS!

Bevione, Julio
   ¡Activa tu GPS! / Julio Bevione. - 1a ed . 1a reimp. - Ciudad Autónoma de Buenos Aires : Ediciones
Urano, 2016.
   192 p. ; 21,3 × 13,5 cm.
   ISBN 978-950-788-237-1

   1. Autoayuda. I. Título.

   CDD 158.1

Dirección editorial: Anabel Jurado
Edición: Fernanda Argüello
Corrección: Andrea Morales
Diseño de tapa: Paula Ventimiglia

© 2015 *by* Julio Bevione
© 2015 *by* EDICIONES URANO S.A. - Argentina
Paseo Colón 221 – C1063ACC – Ciudad de Buenos Aires
www.edicionesuranoargentina.com
infoar@edicionesurano.com

1ª edición

ISBN 978-987- 788-237-1
Queda hecho el depósito que establece la Ley 11.723

Impreso en Printing Books.
Mario Bravo 835, Avellaneda. Buenos Aires. Argentina

Marzo de 2016

Impreso en Argentina – *Printed in Argentina*

Índice

tenemos por el solo hecho de haber nacido, para permitirnos observar al mundo y a nosotros mismos con otros ojos. Y, además, para dejar que él nos guíe para cumplir nuestros sueños. Porque pocas cosas son más importantes que cumplir nuestro destino personal.

JULIO BEVIONE

Prólogo

Cuando escuché explicar a Julio Bevione cómo nuestros sueños nos definen, en solo un momento pude recorrer mi vida y darme cuenta de ese hilo invisible que siempre he sentido obrando en cada paso que daba. Hoy puedo reconocer que cada proyecto en el que he triunfado, ha tenido su origen en un sueño, en un pensamiento que fui cultivando con la alegría del corazón.

La primera imagen que recordé fue la de una tarde caminando con mi madre hacia un hospital del Seguro Social, en Venezuela. Vivíamos en Petare, uno de los barrios más populares de Caracas. Si bien nunca nos faltó nada, porque nuestros padres trabajaron para darnos la mejor vida posible, tampoco sobraba.

Pero ese día, cuando caminaba me sentía una estrella. Imaginaba que la gente me miraba, que me admiraban, y comencé a caminar a los saltos, como bailando, disfrutando de esa sensación incontenible. Nada de lo que veía sumaba a mi sueño, porque aún puedo recordar el vestido muy sencillo que llevaba, heredado de mis hermanas, y unos zapatitos vie-

la razón, muchas veces los resultados no han sido los esperados. Nos estamos permitiendo, finalmente, bajar de la cabeza al corazón, ese tránsito del que tanto hemos escrito y leído, que ha inspirado a poetas y filósofos, pero que seguía siendo un pendiente en nuestros hábitos cotidianos. No para abandonar nuestro razonamiento, sino para integrar una pieza clave: la sabiduría interior.

A esto lo llamo «inteligencia espiritual», basada en nuestros valores y en lo que no atenta contra nuestra verdad más profunda, la que sabe reconocer lo que nos aportará para nuestra evolución o la evolución de nuestra comunidad. Como cuando nos sentimos un engranaje de un sistema mayor, del que somos una pieza clave e importante, pero no la única.

Si vamos más allá de nuestros cinco sentidos, se abren nuevas posibilidades. En estos días, la madurez ya no se reduce a la idea del buen uso del paso del tiempo, medida por la prudencia (que muchas veces tiene atisbos de miedo), sino que se trata de una madurez interna donde podemos reflexionar más profundamente sobre lo que nos sucede, sobre las situaciones en las que estamos involucrados y sobre nuestras relaciones. Darnos un tiempo para el verdadero discernimiento de nuestras metas, para que estén más acordes a nuestro destino personal que a las presiones determinadas por el entorno, nuestra edad o las circunstancias de un cierto momento de nuestra vida.

Es cada día más común encontrarse con gente que sale adelante y brilla por sus talentos, más allá del lugar del mundo donde viva, sus posibilidades económicas y los patrones estéticos establecidos. El éxito, como realización personal, está abierto a las personas que en sus decisiones, consciente o inconscientemente, incluyeron la sabiduría de su alma, que es la única capaz de trascender los conceptos tan extremos de lo bueno y lo malo, de las aparentes carencias y los límites que creamos tener, para encontrar un camino posible con nuestros propios recursos, la mayoría de ellos internos. Hemos dejado de depender tanto del entorno dándole valor a lo interno, que cada día define más nuestra realidad y nuestro destino.

¡Cuánto bienestar creamos si confiamos en la sabiduría del alma! Personas más realizadas y un sentido de comunidad donde apoyarse y compartir, en lugar de competir y buscar beneficios individuales, además de relaciones donde la comprensión y la aceptación son una forma de vida. Hacia ese mundo vamos y, mientras vemos cómo el viejo mundo se va cayendo a pedazos -y quizás por eso hace tanto ruido-, nos queda por decidir a qué mundo queremos pertenecer. Es mi intención ser parte de lo nuevo y sé que si estás interesado en este texto, estás entre nosotros.

Cuando podemos ver la vida desde el corazón vamos encontrando nuestro espacio y la competencia ya no nos mueve, sino el deseo de ofrecer lo que tenemos para dar, con la certeza de que eso que somos es suficiente para valernos, sin hacer sombras ni estar bajo la sombra de otros. Vamos encontrando nuestro propio brillo.

Una de las características del viejo mundo, el de los cinco sentidos, es que creemos que lo único real es lo que se percibe como tal. Nos pasa como al apóstol Tomás, que necesitaba ver para creer.

Nos sucede como cuando vemos una película con solo dos sentidos activados, la vista y el oído; luego de unos minutos terminamos inmersos en el argumento, sufrimos o nos enamoramos, nos hacemos parte de la historia y hasta puede que se torne una referencia para nuestra vida «real».

o al menos funcione. Por ejemplo, la asistencia de un Estado proveedor, en cuanto a la conciencia ciudadana, cuando delegamos al Estado el poder de tener o no tener y hasta de lo que vamos a ser. «En este país no se puede» es una de las frases que más escucho al viajar por Latinoamérica. Y, eventualmente, así es. Porque lo creemos, lo confirmamos y entre todos lo actuamos. Podríamos cambiar en pocos años la historia de nuestros países si al menos unas cuantas personas de una generación lograran ver con claridad esta idea y ponerse en marcha para asumirlo. Confío en que está ocurriendo y no tardaremos en ver los resultados. De todas maneras, nadie podrá hacer nuestra parte: hay un lugar esperando por nosotros en este nuevo mundo cada día más evidente.

Otra manera muy clara de poner nuestro poder afuera es en las relaciones. Cuando buscamos soluciones, esperamos que comiencen por el otro, ya sean los padres, la pareja o alguien más, pero por el otro. Dediqué todo un año a hablar de relaciones en mis conferencias, porque puedo ver cómo consumimos gran parte de nuestra energía en ellas, y muchas veces para destruir, en lugar de sumar. En las conferencias, recordaba que la única parte de la pareja que me corresponde, y en la que tengo poder de transformar algo, es en mí. En todo tipo de relación, soy la única parte a la que puedo acceder, igualmente que en un grupo de trabajo o en la familia.

Asumir el poder personal implica ocupar nuestro lugar y hacernos responsables por lo que tenemos que hacer. Cuando nos ocupamos de lo que es nuestro, además de dejar de pedírselo a los demás, no invadimos sus espacios tratando de controlarlos. Quien tiene tiempo de meterse en la vida ajena, es porque no está atendiendo la suya. Tenemos energía suficiente para mantener a una persona. Y esa persona somos nosotros. Una vez nos sintamos completos, tendremos más energía para asistir a otros. Pero comienzo por mí.

Una persona que vive consciente de su poder personal es incapaz de ser una víctima de nada ni de nadie. No invierte su potencial energético en alimentar a los demás sin antes haberse alimentado a sí mismo, para luego poder ofrecerse como alguien íntegro y completo. Tampoco recibir será una necesidad, aunque ocurrirá naturalmente porque estará viviendo la expresión más elevada de un ser humano: dar sin miedos. Y al dar, recibir es la consecuencia inmediata.

Una de las maneras de hacernos conscientes de dónde hemos puesto nuestro poder es revisando honestamente lo que nos interesa. ¿Es dinero, una relación, el cuerpo o el trabajo? También preguntándonos qué tememos perder. Si el poder lo tenemos puesto en algo externo lo más probable es que el miedo esté acompañándolo, porque al no ser real, necesitará momentáneamente de las ilusiones que solo el miedo puede idear. Y a eso que creemos que es tan importante le hemos dado el poder que debería estar sobre nuestra persona.

El verdadero poder nace del alma. Y todo lo que hagamos consultando al alma, llevará impreso ese poder y la garantía de brillar, porque es la luz misma lo que lo inspira. En cambio, cuando la energía que sale de nosotros lleva miedo, no puede menos que producir algún tipo de caos, ser insuficiente y convertirse en una razón para que el dolor ocurra. Lo más importante es que antes de que eso ocurra, en nuestro cuerpo habrá señales para avisarnos lo que está sucediendo. Es decir, no será necesario vivir la experiencia porque podremos corregir esa energía que aún no hemos actuado para tomar una mejor decisión, si fuera necesaria.

Muchas experiencias de ansiedad están ligadas a la pérdida de poder real. Estamos desconectados del alma y

cotidiano y permitir que nuestra vida se parezca cada vez más a nosotros.

Ya es tiempo de vivir más fácil, más simple y más abundantes.

Siguiendo las señales

Desde el punto de vista religioso y también desde lo místico, sabemos mucho del alma, o tanto como hayamos podido leer y aprender. Pero pocas veces nos hemos planteado la idea de tenerla en cuenta en los actos cotidianos, en nuestras decisiones o al momento de establecer las prioridades de esta vida física, la que cada día comienza al despertarnos.

Históricamente, hemos centrado la atención de la ciencia, de la investigación, de los estudios y de las grandes decisiones que hemos tomado tanto de manera individual como en grupos, a nuestras necesidades desde el punto de vista físico, incluyendo tanto lo material como lo emocional. Nos habíamos centrado en el cuerpo y en la personalidad. En ser cada vez mejores, buenos, pero no necesariamente en vivir en paz. En paz con nosotros y con los demás. En la verdadera práctica del amor, basada en la compasión y el respeto de todas las diferencias que nuestra personalidad siempre encuentra. Quizás porque como solamente hemos considerado real e importante aquello que nuestros cinco sentidos pueden verificar, fuimos dejando de lado la poderosa mirada que la visión del alma podía abrir para nosotros.

Desde la psicología tradicional, se dan dado grandes pasos en el estudio del ser humano, de sus pensamientos, de su mundo de afectos y las relaciones, pero su marco de referencia sigue siendo el mundo de los cinco sentidos. Quizás porque la ciencia no ha podido llegar a una conclusión más definida sobre el alma es que sigue estando fuera de su estudio cuando trabaja en función del ser humano. Aunque ya se asoman los primeros cambios a esta forma tradicional de estudiarlo. Nuevas ciencias, como las relacionadas al estudio del espacio cuántico, comienzan a dar respuestas verificables a asuntos que antes solo ocupaban espacio en libros de metafísica, chamanismo o espiritualidad.

Quienes hasta ahora habían estudiado los asuntos del alma, lo hicieron de una manera tan mística que no fue tarea sencilla relacionarlo con una experiencia aplicable a nuestro vivir diario. Muchos tenemos la certeza de la existencia del alma, pero reconocer que existe no nos modifica. Solo expande nuestro conocimiento, pero no nos permite recibir los regalos que su presencia nos trae. Lograr integrar los mundos visible e invisible que parecen antagónicos pero solo son complementarios, el de la personalidad y el alma, es el propósito de este libro. Y, sobre todo, hacerlo de una manera práctica para que podamos experimentarlo. Porque nada nos va a dar mayor posibilidad de abrir los ojos, hacia adentro y afuera de nosotros, que vivir y sentir la experiencia. Ningún registro es más poderoso que la vivencia.

Ya es momento de dar ese paso, porque el alma es la guía más sabia para mostrarnos el camino. Está libre de especulaciones, juicios y miedos. Especialmente de miedos, los que cuando se instalan nos muestran una realidad distorsionada, impulsándonos a tomar decisiones apresuradas, inciertas y que no nos llevan a donde realmente queremos llegar. Hacen más largo el camino.

Todos tenemos acceso a la información que nos permite saber hacia dónde ir, qué metas o destino elegir, potenciando las posibilidades de concretarlo. Y también de cómo podemos

respuestas, y también natural, porque fue ocurriendo con cierta espontaneidad.

Todo comenzó cuando ya había emigrado de Argentina y vivía en Miami. Al cumplir 28 años me había hecho la pregunta más importante que nos podemos hacer los seres humanos: «¿Soy feliz?». No era infeliz, pero tampoco pude responder que sí.

No hacía mucho tiempo que había comenzado a asistir a grupos que compartían sobre temas de espiritualidad. Resonaba conmigo porque mi curiosidad me había llevado a sentarme en iglesias, conferencias y eventos en los que pudiera entenderme mejor y entender al mundo. Una pregunta que me daba vueltas sin encontrar respuesta es: «¿por qué funcionamos como funcionamos?». Y estos grupos me habían dado la posibilidad de escuchar y ser escuchado.

Cuando pensaba en los momentos de la semana en que realmente podía experimentar felicidad, sin dudas llegaban esos que compartía con el grupo. Tal como ocurrió muchos años atrás con mis vecinas, solo que ahora eran contemporáneos, la mayoría inmigrantes, y nos convocaban temas y lecturas como *Un Curso de Milagros*, un libro cuyas enseñanzas espirituales me cautivó desde la primera lectura.

En estos encuentros, mi curiosidad siempre me llevaba a preguntar sin temor. Siempre hay alguien que hace «esa» pregunta por nosotros. Y ese era yo. Fue así que quienes asistían me pidieron abrir un nuevo grupo y ser el moderador. Esto derivó en un taller de fin de semana, al que llamé *Spiritual Boot Camp*. Para ese fin de semana escribí un material que terminó siendo un libro y que no demoró en ser publicado a raíz de que llegó a la televisión antes de pasar por una editorial.

Resulta que para las personas que llegaban al grupo había escrito un pequeño manual al que titulé «Vivir en La Zona», intentando poner en palabras de gente más joven el concepto de «Espíritu Santo». Para muchos de los asistentes, la palabra distorsionaba el verdadero significado de esa presencia divina en nosotros. Las palabras y sus significados suelen opacar el verdadero sentido que representan, así es que en «La Zona» encontré una manera más cercana de referirnos a esta conexión interna con Dios.

En esos días, una periodista me entrevistó buscando contenido para un reportaje sobre cómo los más jóvenes buscaban a Dios en estos tiempos. Y la conversación se convirtió en una larga charla que finalmente se publicó como tal y en donde se mencionaba mi nuevo libro. Un libro que tenía en mente, que había comentado con la periodista, pero que aún no había visto la luz. En la entrevista se lo daba por hecho, y tan es así que al día siguiente me llaman de la cadena Telemundo para presentarlo en su programa matutino. Solo les expliqué que había una demora, pero que en un mes estaría con el libro en sus estudios. Tenía pocos días para encontrar una editorial y recurrí a una de Córdoba, la ciudad donde viví y estudié, en Argentina. Me resultaba más fácil conectar este proyecto con quien pudiera entenderme. Aun cuando ya vivía en Estados Unidos, la gente de nuestro lugar de origen puede entendernos mejor, sin tanto que explicar.

Así es que llegaron los primeros libros enviados en cajas por correo, inicié un *blog* hablando de él y lo coloqué en el sitio de ventas *online* Amazon.com. Finalmente me presento en Telemundo y ese día hubo dos regalos más. Por un lado, me invitan a participar semanalmente en el show que conducía la periodista María Antonieta Collins, con quien hoy nos une la amistad, y también surge una entrevista para la

1

Nuestro talento y eso que no podemos dejar de hacer

Todos hacemos algo que, sin importar las circunstancias o nuestra edad, nunca hemos abandonado. Lo que nos apasiona es una marca personal que define nuestro propósito en el mundo. A veces, esa búsqueda se hace compleja porque asumimos que lo que vinimos a hacer tiene unas características tan especiales que develarlas requeriría un acto místico, o también porque tratamos de verlas a través de la mirada de las profesiones. Sobre todo en estos tiempos, debemos darnos cuenta de que no todos los talentos encajan en las profesiones conocidas. Y, más aún, que no todas las carreras de educación creadas pueden definirnos. La educación formal nos da elementos para darle aún más brillo a nuestro talento, pero no lo determina. Nuestros dones vienen como diseño del alma, son parte de nuestro propósito al llegar al mundo y no están determinados por ninguna circunstancia externa a nosotros. Por eso, lograremos definirlo revisando nuestra vida, lo que nos gusta, lo que hacemos

asimilar la mía propia en esas circunstancias. Eso que hacía con mis vecinas, lo que hago con cada persona que hoy llega a mi vida y es la misma razón por la que escribo libros y doy conferencias. Mi necesidad de comunicar va más allá de lo que pueda reprimir o esconder. Es lo que mi alma eligió para esta experiencia de vida y, mientras más alineado esté con ella, más fácil se hace el camino a transitar. Estoy respetando el diseño original.

Lo puedo ver con personas que han logrado su realización plena, tanto emocional, financiera y laboral, cuando dejaron de hacer lo que no se sentía cómodo y apostaron por eso que hacen bien, que los demás celebran y, sobre todo, que despierta su gozo interno al realizarlo.

Creo que muchos de los problemas de la humanidad, desde la depresión y la vivencia negativa de la soledad, las carencias materiales y hasta algunas formas de violencia, se originan en esta desconexión con nuestro propósito de vida. Cuando nuestra personalidad no actúa en consonancia con el alma, comenzamos a enfocarnos en tener, agregar, sumar... y a definirnos por lo que tenemos. Por ejemplo, es muy común encontrarse con gente que define el valor de su talento y hasta su valor personal por los números que tenga su salario. Y para poder sostenerme en quien creo ser, no puedo perder nada de lo que haya conseguido y por eso trato de aumentarlo, porque mientras más tenga, más seré. Esto nos lleva a una competencia desmedida donde voy negociando lo que realmente soy, mis valores y hasta mi talento, para servir a lo que la personalidad me pide. El costo de este mal juego es enorme. Comenzando por la ausencia de paz interior y de gozo, hasta el desgaste físico y emocional que resulta de invertir toda mi capacidad energética en sostener lo que no soy. Porque en mi diseño puedo sostener mi verdad sin mayor esfuerzo, pero alimentar y sostener una mentira nos termina consumiendo.

Una de las cosas del mundo que más nos distrae es nuestro trabajo. A él le dedicamos muchas horas del día y de ellas, las más importantes. No significa que debamos sentarnos y trabajar menos para vivir mejor, sino permitir que el alma nutra ese tiempo. Entre muchos trabajos que he realizado, está el de vender zapatos. Debía pasar turnos de hasta diez horas de pie con la meta de que los zapatos que estaban en el depósito se fueran en la bolsa de compras de algún cliente. Desde este punto de vista, hubiera sido desgastante, pero hoy recuerdo ese tiempo con alegría y puedo identificar que la razón para estar haciendo lo que hacía en donde no parecía ser el lugar ideal para ejercer mi profesión —había estudiado comunicación social— fue que no me perdí en las formas y acudí a mis dones. Nada me gustaba más que escuchar y poder reflexionar sobre lo que escuchaba. Mientras lo hacía, mostraba los zapatos, se los probaban y no dudaban en comprarlos. La experiencia era valiosa para ambos, para el cliente y para mí. En mi caso, porque hacía lo que más me gustaba, y para los clientes porque tampoco esos zapatos eran lo que los haría felices, sino compartir un momento con alguien que los escuchara y pudiera atenderlos con paciencia. Por eso, no es necesario dejar todo lo que no se parezca a nuestro propósito de vida, sino preguntarnos cómo podemos comenzar a activar nuestros dones en ese espacio de trabajo que hoy nos recibe. Porque hemos elegido nuestros dones para ofrecerlos, más allá de las formas. Y, en la medida en que lo ofrezcamos, las formas se irán moldeando a las que más se parecen a nosotros. Hoy no necesito tener un zapato en la mano para justificar mis dones, pero esos zapatos me permitieron ir revelando mi destino.

En la cultura fenicia, era responsabilidad de la sociedad desarrollar la educación a partir del talento que cada niño presentaba. En primer lugar, porque era una forma de honrar su humanidad, y también porque era la manera de garantizar una sociedad equilibrada, tanto en las finanzas como en la salud de la población.

Los sistemas educativos actuales no fomentan la enseñanza con base en los dones, sino en su opuesto, ya que el niño debe poner más énfasis en aprender lo que no le gusta, y se mide su valor a partir de ese rendimiento. Pero los padres pueden comenzar a marcar esa diferencia hasta que las escuelas puedan alinearse a esta nueva forma de educar. Si en nuestros hogares estamos más atentos a identificar qué es lo que los niños hacen con más alegría, lo que muestran en sus capacidades naturales, lo que hacen aun cuando no los motivamos y eso que sus amigos valoran y disfrutan de él, estaremos acelerando el destino de ese niño. No porque no vaya por sí mismo a descubrir y ejercer su don, sino porque no usará tanto tiempo para ponerse en marcha. Y el tiempo, en definitiva, es uno de los recursos más valiosos que tenemos.

Cuando llega este momento revelador de darnos cuenta de lo valioso que es reconocer y aceptar nuestros dones, solemos juzgarnos negativamente por sentir que hemos dejado pasar demasiado tiempo. Pero es solo nuestro punto de vista, porque cuando abrazamos nuestro destino tal como se presenta, nos damos cuenta de que nada estuvo equivocado, sino que cada uno tiene su propia manera de encontrar su propósito. Y desde nuestra mente racional, es posible que sea tarde. Pero si bajamos al corazón y notamos el gozo que sentimos en el momento en que lo descubrimos, más allá de la edad que tengamos, tendremos energía suficiente para ponernos en marcha. El gozo es un combustible que no conoce las leyes del tiempo.

Algunos que han podido identificar sus dones aún no confían en ellos, o en sí mismos, para permitir que estos se transformen en el eje de su vida. Otros, ni siquiera lo han averiguado porque el peso de lo externo no les ha permitido mirarse. Cada uno, donde sea que esté, está viviendo un capítulo de su destino. De todas maneras, lo que creemos que somos no cambia quien realmente somos. Aun con demoras, nuestra esencia no está en juego. Y esa certeza debemos tenerla en todo momento, especialmente cuando aparezcan las dudas.

El camino espiritual implica poder bajar el Cielo a la Tierra. Es decir, a través de nuestra presencia y nuestras acciones, ir instalando una manera de vivir más cercana al amor, con todos los matices que este nos ofrece. Desde la humildad a la compasión y la generosidad. Y uno de los actos de amor más potentes es ser fieles a nuestra esencia y esta se hace visible a través de nuestros dones, en nuestros talentos. Por eso, procurar el equilibrio de nuestra alma y nuestra personalidad en lo que le ofreceremos al mundo es determinante en nuestra evolución.

Cuando nos involucramos en algo que nos hace sentir bien, que no estará definido por la compensación recibida, aunque esa compensación siempre está asegurada por la naturaleza misma del talento, cuando no queremos dejar de hacerlo y estamos dispuestos a realizarlo cada día mejor, eso a lo que nos entregamos contra toda crítica, que nos produce cansancio físico pero no emocional y donde el tiempo se esfuma sin darnos cuenta, no tengamos duda de que eso es lo que vinimos a hacer.

Es importante darle un espacio a encontrar el método de relajación adecuado. Una manera sencilla de relajarnos es encontrar un espacio donde podamos sentarnos o recostarnos, que sea suficientemente cómodo para que el cuerpo no nos distraiga. La postura ideal es la más cómoda en cada momento. A veces, incluso podremos hacerlo de pie. Si vamos en un transporte que nos permite estar de pie, por ejemplo, podremos encontrar en esa posición una manera de relajarnos. Observando el cuerpo y reconociendo donde está la incomodidad, ir cambiando la posición hasta sentirme cómodo en ella y usando la respiración para mover conscientemente eso que me puede estar bloqueando, ya sea físico o emocional. Extiendo la inhalación hasta esa parte del cuerpo y al exhalar reconoceré, poco a poco, una suave sensación de bienestar. Si es posible, puedo cerrar los ojos. No es necesario, pero si lo hacemos nos permitirá encontrar equilibrio más rápidamente, quitando la tentación a dejarnos llevar por lo que nos rodea y entretiene nuestros pensamientos.

Por eso, revisemos cuán alineados estamos con nuestro propósito de vida en nuestro vivir diario.

LA TAREA

◇ Revisa momentos de tu historia personal donde has sido muy feliz y observa qué hacías. Busca el elemento común si no fuera evidente. Comienza por lo que sentías y luego identifica lo que hacías.

◇ Reconoce lo que hoy sabes que haces bien, lo que realizas de manera espontánea y natural. También lo que haces cuando los demás te elogian o aprecian. Busca el elemento que tienen en común y la relación con lo que descubriste de tu historia personal.

◇ Observa si tu profesión o tu actividad actual tienen relación con eso. Si la tiene, refuerza tu vocación con la certeza de que eso es lo que has venido a ofrecer a los demás, la manera en que tu alma definió tu forma de servir y por lo que te será más fácil conseguir tu lugar en el mundo. Cuando abrazamos nuestros talentos, los respetamos, los desarrollamos y apostamos por ellos, estamos respetando un diseño incuestionable, que en respuesta alineará los demás recursos del alma para apoyarnos, desde la visión y la voluntad, hasta la abundancia. Pero si no ves reflejados tus talentos en tu profesión, no necesitas cambiarla. Los cambios serán espontáneos si fuera necesario. Simplemente, cambia la forma en la que lo estás haciendo. Encuentra la manera para que tus dones puedan incorporarse a tu trabajo. Notarás que tanto tu bienestar personal como la valoración de tu entorno se fortalecerán al hacerlo. Y esa será la primera confirmación de que tus dones están activados.

◇ En tu agenda semanal, incluye un momento para dedicarlo solamente a tus dones. Una buena manera de motivarte es reconocer que al privarte de hacerlo, también privas a los demás de recibir lo que tú, a tu manera, has venido a dar. Por eso, ofrecerlo como servicio te dará una plataforma para activarlo. Busca grupos o personas que puedan necesitar lo que tienes para dar y ofrécelo sin esperar otra recompensa que el facilitarte las circunstancias para ejercitarte. No demorarán en crearse nuevas situaciones que irán favoreciéndote una vez hayas dado este primer paso. Y recuerda: disfruta y confía. Ya estás en manos de tu alma y esta te irá mostrando los siguientes pasos.

2

Comencemos por el cuerpo

Es natural que consultemos a nuestro cuerpo cuando tenemos que comer, ejercitarnos, correr o quedarnos quietos. Hay una valiosa relación ya establecida con él que nos permite transitar la vida con armonía, teniendo prudencia cuando la necesitamos o impulsándonos a tomar una determinada acción cuando sea necesaria.

En esta constante comunicación con el cuerpo incorporaremos una manera más profunda de escucharlo para observar lo que nos dice en referencia a lo que pensamos. Sí, el cuerpo es el parlante del micrófono que tenemos en la mente.

Para poder darnos cuenta de lo que el cuerpo nos dice, necesitamos ir moviendo la atención desde lo externo hacia nosotros. Convertirlo en una práctica hasta que sea natural que consideremos lo que sentimos antes de darle certeza a lo que hemos asumido que es verdad.

Hemos dejado a la mente actuar por sí misma, pero siempre está con un pie puesto en el pasado o en el futuro y nada es más real que lo que está ocurriendo en este momento. Para eso está el cuerpo, ya que él nos conecta con el presente, con este momento, con lo que realmente está sucediendo más allá de las especulaciones y las historias que nos contamos. Toda decisión es nueva si estamos bien parados en este momento, con la atención puesta en lo que ocurre.

LA TAREA

◇ Tómate unos minutos para practicarlo. No debes estar en un lugar específico, ni tampoco en una posición especial, pero al principio, para evitar distracciones, es preferible estar en un espacio sereno. Cierra los ojos cada vez que lo necesites. Con la práctica, será natural conectarnos con el cuerpo en medio de una conversación, cuando debamos tomar una decisión en una reunión, conduciendo el automóvil o caminando. Será parte de una nueva manera de observarnos y discernir.

◇ Lleva la atención a las áreas del pecho, del estómago, de la garganta y del cuello. Son los espacios físicos donde se hacen más evidentes las sensaciones.

◇ Observa lo que sientes, tal como lo sientes. Te pueden orientar estas dos preguntas: «¿cómo me siento?» y «¿dónde lo siento?». Mantente alerta a todo lo que sientas, ya sea pesadez, dureza, contracción o calma. Recorre el pecho, el estómago, la garganta y el cuello. Detente en cada uno y observa. Si no sientes algo específico o que te llame la atención, está bien. No te exijas a hacerlo. En ese caso, continúa a la parte siguiente.

◇ Si no lo sientes, quizás no estés dedicando el tiempo para que la sensación se revele. No estamos tan entrenados en observar la sutileza de las sensaciones. Por eso, es necesario ejercitarnos y, al principio, darnos tiempo.

◇ Observar es solo eso, atestiguar sin tomar partido, sin controlar ni modificar. La tendencia está en catalogar lo que sentimos y definirlo como bueno o malo. Si es así, escucha lo que te dices, pero sigue atestiguando. Con la práctica irás ganando quietud en la observación y descubriendo más sensaciones de las habituales, además de tonalidades en cada una de ellas.

◇ Acompaña este proceso con la respiración. Una respiración profunda y serena irá creando las condiciones para que observarnos sea más cómodo, sin perder la atención en algo externo.

◇ Termina el proceso con dos respiraciones profundas y vuelve la atención a todo el cuerpo, a los sonidos alrededor y, poco a poco, abriendo los ojos a lo que estamos viendo.

◇ En un principio, puede resultar más efectivo que cerremos los ojos durante el proceso de observación. No es necesario para identificar lo que sentimos, pero nos ayudará a conectarnos con el cuerpo, quitándoles fuerzas a las distracciones externas. Nuestros cinco sentidos están tan desarrollados que ante cualquier estímulo, se llevan toda la atención.

3

Todos tenemos un GPS

El GPS que usamos para nuestros automóviles nos lleva hacia donde queremos llegar cuando no estamos tan seguros de cómo hacerlo, o cuando no sabemos. Le indicamos un destino y nos muestra el camino. Y de todas las opciones, siempre busca la mejor. La más cercana, la menos complicada, la que está disponible en ese momento.

Los seres humanos, por naturaleza, también tenemos un GPS interno. Un sistema que nos permite seguir una guía para llegar a destino de la manera más armoniosa posible. Cuando tenemos claro hacia dónde queremos ir, nos va revelando, paso a paso, por dónde transitar. Paso a paso. Es decir, pocas veces nos muestra el mapa completo, sino el próximo tramo por recorrer. De hacerlo, seguramente especularíamos con cuestionar esa ruta y terminaríamos haciéndolo a nuestra manera. Por eso, la confianza juega un rol esencial en el uso de nuestra guía interna. Si nos vamos a dejar guiar, nos permitiremos seguir sus indicaciones aun cuando no coincida con nuestra lógica. Porque si nuestra lógica nos funcionara, seguramente ya habríamos llegado a todos los destinos que nos hubiéramos propuesto. Este acto de humildad ante la vida nos permite dejarnos ayudar. Esto no significa que necesariamente debamos confiar en otra persona. Sino en nosotros, pero en una versión más pura de nosotros mismos. En el alma. ¿Cómo no confiar en quien puede ver más allá de los cinco sentidos, tan limitados por las distancias y las percepciones?

Obviamente, este GPS no está fuera de nosotros, por lo que ninguna respuesta externa será más valiosa que la que podamos encontrar en nosotros mismos. Ninguna, ni siquiera la de otra persona en uso de su propio GPS. Porque cada uno tiene el suyo y su sistema de información solo es válido para esa persona. Suelo encontrarme con personas que al pedirme ayuda, en realidad me están pidiendo que decida por ellos en algún asunto que ellos no se atreven a definir. Pero la guía más responsable que puedo ofrecerles es llevarlos a que encuentren, escuchen y confíen en su propio mensaje. Nadie puede saber mejor que nosotros, lo que el alma nos dice.

Esa voz tampoco está en nuestros pensamientos. No significa que no tengamos ideas claras de hacia dónde ir, o por dónde hacerlo, pero esa información deberá ser corroborada por nuestro GPS si queremos que el viaje valga la energía que invertiremos en él.

Podría decir que el GPS está instalado a la altura del corazón. Pero es más claro decir que se siente en el pecho. La manera de reconocerlo es a través de sensaciones. Y esas sensaciones ocupan el espacio entre nuestros hombros y el estómago. Se siente. Y hay dos maneras claras de identificar su mensaje: a través de la paz interior y del gozo, esa sensación que incluye la felicidad pero en una versión sin ansiedad. Una sensación de gozo que nos aquieta, en lugar de hacernos saltar.

Refleja un sentimiento, no una emoción. Las emociones reflejan estados de nuestra personalidad, como la rabia, la alegría, la apatía o la confianza. En cambio, los sentimientos son el reflejo del alma, y ocurren sin llamar tanto la atención, son suaves, algo silenciosos, pero contundentes al expresarse. Por ejemplo, es inevitable reconocer cuando estamos en paz. Podemos engañarnos por un momento, pero sabremos conscientemente que no lo estamos con solo revisar en nuestra alma. La compasión, el gozo y la seguridad, por ejemplo, son sensaciones que nos hablan desde el alma. Hay una profundidad en ellas que las revela sin disimulos.

De todas ellas, el alma usa estas dos formas evidentes de comunicarnos su mensaje: la paz interior y el gozo interno. La paz interior siempre nos marcará un sí, adelante, avanza. Aun cuando una decisión parezca sinsentido, pero se sienta en paz, nuestra alma nos está diciendo que es por allí, de esa manera, en ese momento. De igual manera, la ausencia de paz interior es una invitación a detenernos. No significa que el camino no sea ese, pero eso que vamos a hacer no es lo mejor, o ese no es el momento. La pérdida de paz siempre indica pausa.

Lo podemos ver en el GPS que usamos para el tránsito. Cuando la voz que nos guía no nos habla, es porque estamos en el camino indicado. Pero cuando queremos usar nuestra propia discreción para elegir la ruta, no tarda en avisarnos que hay que recalcular. Y no nos grita, no se enoja, como quizás lo haría un copiloto. Simplemente nos recuerda que no es por allí, y hasta que no retomamos el camino que nos propone, no se calla. Así es el alma, con claridad e insistencia nos recuerda que nos hemos salido del camino cuando vamos por donde creemos que nos conviene, pero no por dónde llegaremos a destino. La ausencia de paz, es decir, cualquier tipo de insatisfacción, nos está marcando el momento de recalcular.

Igualmente, cuando definamos una meta, es decir, el lugar a donde queremos llegar o la experiencia que queremos vivir, el alma nos ayudará a discernir cuál es la que se nos facilitará por estar alineada con nuestro destino. Es decir que nos avisará cuando no es un capricho o una manera de salvarnos de algo y salirnos de algún tipo de miedo, sino una experiencia que nos sumará y está en consonancia con nuestro camino de vida. Una situación de la que no habrá arrepentimientos ni vuelta atrás. Cuando eso que pensamos como destino genera una espontánea sensación de gozo interno, el alma nos dice: «adelante, hacia allá es».

Cuando conversaba con las vecinas en mi niñez y ahora en cada encuentro con un lector o algún asistente a una conferencia, el gozo es el mismo. En la medida en que fui escuchando lo que sentía, pude evidenciar que la vida siempre me estaba marcando claramente el destino. De alguna manera, fui sosteniendo aquello que el gozo me indicaba, más allá de las circunstancias externas en cada momento, hasta que fue acercándome a mi destino. No tengo dudas de que lo que hoy hago tuvo su punto de partida en esos primeros años. Prestarle atención, cultivarlo y sostenerlo fue el trabajo del camino, del que me explayaré más adelante.

LA TAREA

◇ Hasta que sea natural, es necesario aprender a identificar estas sensaciones de paz interior y de gozo para diferenciarlas de otras que se parezcan.

◇ Aquieta el cuerpo, ya sea que estés sentado o de pie, y lleva la atención a la respiración. Respira unos segundos de manera más profunda a lo habitual.

◇ Luego mueve la atención al área del pecho y observa cómo, poco a poco, se serena. Comenzarás a experimentar cierta quietud y bienestar.

◇ En ese estado, pon atención en una decisión que quieras tomar, aunque sea sencilla, y observa todas las opciones que se presentan. Seguramente llegarán varias ideas y puede que algunas de ellas se contradigan. Ten en cuenta a todas, obsérvalas. También puedes preparar con anterioridad esta parte del ejercicio anotando, por varios días, todas las ideas que lleguen con respecto a la decisión que quieras tomar y usar esa lista en el momento de revisarlas con tu corazón.

◇ Recorre las diferentes opciones deteniéndote, una por una, preguntándote cómo se siente. La tendencia es esperar una respuesta racional, como bien o mal, pero baja al pecho y revisa si se siente contraído o relajado. Concentra la atención en la sensación, no en la mente. Y así irás revisando cada opción.

◇ Finalmente, ten en cuenta solo la que mejor se sintió. Una de ellas reflejará mayor gozo o paz que las demás. Más adelante sabrás qué hacer con ella. Por ahora, ejercita cómo puedes bajar una idea de la cabeza al corazón y observar cómo se siente. Puedes aplicarla tanto para lo que vayas a decir, a hacer o cualquier acción inmediata que decidas tomar.

◇ También puedes usar este proceso para discernir acciones inmediatas. Por ejemplo, cuando debas tener una conversación, puedes preguntarte cómo te sientes con lo que vas a decir, y respetar la guía interna para decidirlo. Toda ausencia de paz interior nos está diciendo que lo que vamos a hacer no está alineado con nuestro propósito. Si eso que pensamos decir para aclarar una situación no se siente en paz, lejos de crear orden, creará más confusión. El alma nos permite aprender la lección sin tener que pasar por la experiencia, que involucrará nuestra energía y, sobre todo, tiempo.

◇ Siempre toma en cuenta las sensaciones que, al pensarlas, no ofrezcan resistencia de algún tipo. El gozo interno no contiene ansiedad. Es posible que en algunos casos sientas algo similar al gozo, pero ese impulso acelerará las pulsaciones del corazón y sentirás deseos de salir corriendo a hacer algo para que ocurra eso que estás pensando. Si es así, esa opción no es la más relevante, sino aquella en la que de solo pensarla puedes disfrutarla, pero en calma, con la sensación de un deseo ya realizado. Si bien es profundo, no es intenso ni exacerbado.

◇ Ejercita por unos días esta nueva manera de discernir incluyendo el alma en algunas decisiones del hacer diario hasta que sea natural que bajes a la altura del corazón cuando sea el momento de determinar a qué pensamiento le pondrás atención.

◇ Recuerda que toda acción en el presente que esté alineada al alma, reflejará paz en tu corazón. Y todo deseo hacia el futuro que esté alineado a tu destino, despertará gozo interno. Y la ausencia de ellos, siempre será una invitación a revisar lo que estás pensando.

4

Discernir con el corazón

Cuando lo que deseamos está alineado con nuestra esencia, realmente no estamos deseando sino que estamos adelantándonos a nuestro destino y poniendo en nuestro corazón eso que sabemos que nos corresponde.

Puedo diferenciar lo que quiero de lo que realmente deseo o de eso que mi alma anhela, por la sensación que me genera. Cuando lo que quiero no está alineado con mi camino de vida, es posible que aparezcan las excusas, algunos miedos y demoras en tomar acción. Pero cuando el anhelo es del corazón, ni siquiera se me ocurre discutirlo ni convencer a los demás, pero sí hay un interés genuino de compartir esa idea con personas cercanas que sabemos que la valorarán. Me he dado cuenta de que cuando buscamos aprobación o convencimiento de los demás, es que estamos tratando de convencernos nosotros mismos de algo que creemos que nos conviene, pero que en el fondo sabemos que no es para nosotros.

Los caminos se abren con facilidad cuando estamos transitándolos con honestidad, respetando nuestra esencia. Por ejemplo, es natural que lo que esté relacionado con nuestro talento se convierta en una plataforma de vida donde nos hacemos bien y hacemos bien a otros. Todos ganamos. Y es incuestionable que lo que nos encanta hacer, lo hagamos incluso sin esperar nada a cambio solo por el «placer» de hacerlo. Y que lo que deberíamos hacer, pero no sentimos propio, requiera una motivación externa, porque nuestra alma no está allí.

Esto no significa que hoy dejemos de hacer lo que no resuena con nosotros, pero sí que nos planteemos una nueva manera de decidir dónde vamos a invertir nuestra energía y, poco a poco, vayamos alineando nuestro propósito de vida a las experiencias cotidianas.

Por eso, discernir dónde invertiremos nuestra energía es un paso imprescindible.

Por ansiedad, o simplemente porque la reflexión no es algo común en nuestra cultura, nos damos cuenta de lo que «no es» a mitad de camino o al final. Muchas decepciones ocurren porque hemos estado invirtiendo nuestra energía en algo que al no funcionar, se nos hace evidente que no es lo que realmente nos interesa. Porque si nos atravesáramos con alguna dificultad en nuestro camino a cumplir algo que sume a nuestro propósito de vida, nada nos detendría. El impulso del alma es más fuerte que cualquier resistencia. Así es que si hay resistencia, es que el alma no está allí.

Es cierto, de esas experiencias nos queda el aprendizaje, pero también se llevan una porción de uno de los recursos más valiosos que tenemos: el tiempo.

Estamos en un tiempo donde ya hemos evolucionado lo suficiente para salirnos del aprendizaje por prueba y error, para que ahora sea una conciencia más amplia la que nos guíe. No dejaremos de equivocarnos, pero estoy seguro de que usaremos menos tiempo para el error y más para disfrutar de los procesos que la vida nos propone.

~~~~~~~~~
LA TAREA
~~~~~~~~~

◇ Toma nota de todas las ideas que tengas en mente con respecto a lo que deseas. No te limites. Anota todos los detalles. Esto puede que te tome algunos días. Anota lo que llegue a tu pensamiento cada vez que pienses en ese proyecto o en lo que deseas hacer o tener.

◇ Serénate y pon atención en la respiración. Lograr que lo externo no te perturbe y tu cuerpo no te distraiga es el propósito. A tu manera, crea estas condiciones. La respiración siempre será de gran ayuda para lograrlo. Respira un poco más profundo de lo habitual hasta que lo hagas sin esfuerzo.

◇ Revisa las ideas que has anotado, deteniéndote en cada una. Hazlo lentamente. Lleva tu atención a cada una, cierra los ojos y «visita» ese espacio. Imagínate en esas circunstancias, observa detalles y al final revisa cómo te sientes. Si deseas, puedes hacer una puntuación del 1 al 10 para determinar en qué rango de bienestar estás, considerando que 10 es gozo y 1 es apatía. Recuerda que el gozo es profundo y no tiene ansiedad, es sereno pero expansivo en tu corazón. En la medida en que comiences a sentirlo lo podrás describir según tu propia experiencia.

◇ Al concluir, podrás darte cuenta de que no todas se sienten de la misma manera y que una de ellas se destaca positivamente. Quédate con esa idea.

◇ Si hubiera más de una que se sienten igual de valiosas, observa si no son parte de un mismo plan o están relacionadas. Si lo son, súmalas. Si no, tienes dos ideas para trabajar de manera simultánea o para priorizar.

◇ Ahora puedes reconocer con certeza que has identificado tu próximo destino y sabes que cuentas con todos los recursos de la vida a tu favor para lograrlo. Solo queda emprender el viaje.

5

Instalar un pensamiento

Los pensamientos no son las imágenes con las que accedemos a él. Lo que vemos y sentimos son manifestaciones de eso que pensamos. Pero un pensamiento como tal es un cúmulo de energía, con identidad propia, que cuando lo pensamos y lo sentimos se instala en nosotros, en nuestro cuerpo energético. Además de nuestro cuerpo visible, hay uno similar donde reside todo ese material que luego el cuerpo físico actuará, pensará y sentirá. Podríamos decir que nuestra historia personal se escribe en ese cuerpo invisible y luego la podemos experimentar en el de carne y hueso.

Entonces, cada vez que pensamos y sentimos, un pensamiento se instala. Especialmente al sentirlo. Puede que tengamos algo en mente por mucho tiempo y no sea tan trascendente, pero alcanza un instante en que lo sintamos, sufriéndolo o alegrándonos, para que el pensamiento se instale y pase a ser propio. ¿Será por eso que quienes intentan manipular apuntan a las emociones?

Cuando lo sentimos, nos quedamos con un pedacito de esa energía. Lo que se siente se comparte y luego se instala en cada uno. Y llevamos esa energía a cuestas, cambiando nuestra manera de pensar que ahora incluye esa nueva idea y tenderá a crear experiencias que la corroboren.

Algunos pensamientos caducan y los hemos desinstalado cuando tomamos una nueva decisión o cambiamos nuestro punto de vista. Otros siguen intactos porque nunca fueron cuestionados. Las decisiones son momentos energéticos de alto impacto. Cuando tomamos una decisión, estamos poniendo atención en lo que pensamos, en eso que dejamos ir pero especialmente en lo que incorporamos a partir de esa decisión, y lo acompañamos con una alta emocionalidad. Ninguna decisión nos es indiferente, pues de lo contrario no estaríamos decidiendo y sería un simple comentario de algo que nos gustaría hacer o cambiar. Al decidir, una pequeña revolución energética ocurre en nosotros, readaptando el sistema a lo que hemos decidido.

Los físicos cuánticos han probado que la materia está formada de paquetes de energía y que estos son maleables, respondiendo a nuestras intenciones. Cuando tomamos una decisión, generamos un nuevo proceso que nace de un pensamiento e irá cobrando fuerzas hasta comenzar a convocar eventos, situaciones y experiencias que terminarán manifestándose en un plano visible. Podríamos decir que cuando tocamos un objeto estamos tocando un pensamiento que luego de ser pensado y sentido, pasó por estadios que fueron dando forma y solidez a eso que ahora es evidenciable con los cinco sentidos. Pero la intención lo precedió y una decisión fue el primer impulso.

Mientras estemos vivos y conscientes, estaremos tomando decisiones. Este es un proceso que ocurre más allá de nuestro control. De hecho, no decidir ya es una decisión. Nuestro trabajo es ser conscientes de este proceso inevitable para usarlo en favor del alma, para un beneficio mayor.

Una decisión responsable siempre incluye al corazón. Cuando creo que lo que estoy decidiendo está a favor de algo, pero no estoy tomando en cuenta algún aspecto que pueda ser negativo, el corazón avisa. Pero seguro la paz no estará presente, menos aún el gozo.

Lo ideal sería que pudiéramos ver las consecuencias de nuestra decisión para ser responsables por lo que estamos decidiendo, pero esta tarea es imposible para los cinco sentidos que no pueden acceder a lo que reconocen en el futuro, aunque sí es posible para el corazón. Allí está el GPS que puede, en un instante, revisar el recorrido que tomará nuestra vida después de esa decisión y respondernos por un suave impulso si lo que estamos decidiendo está alineado con nuestra intención. Para tomar una decisión responsable usaremos este recurso para ponerlo al servicio de nuestro destino.

La personalidad está demasiado entusiasmada en sus planes como para poder ver más allá del camino. Además, mide las consecuencias en términos de pérdida y ganancia, de competencia, de amenazas y de sobresalir. No puede ser justa. Por eso, solo el alma puede darnos información cierta.

Cuando tomamos una decisión desde el alma, la energía que movemos es suficiente para que eso que se decide vaya organizando los pasos a seguir y así ir llevando esa decisión a la acción, y de la acción a la concreción. Se crea un nuevo espacio creativo dentro de nosotros. Y esa misma energía también va removiendo todo lo que no se corresponde con lo decidido. Comenzaremos a notar ese movimiento en lo que nos rodea no bien tomemos una decisión.

Si recorremos eventos pasados en los que hayamos participado, nos encontraremos con que después de una decisión responsable y consciente, ciertas personas se han movido de nuestra vida, perdimos interés en algo que parecía importante mientras otras personas llegaban y nuevos intereses surgían. Este es el poder de una decisión. Instala un pensamiento de la manera más fecunda para que pueda prosperar armoniosamente.

Por eso, para instalar un nuevo pensamiento, una decisión es necesaria.

LA TAREA

◇ Aquiétate, busca un espacio sereno donde no haya demasiadas distracciones y lleva tu atención a la respiración. Asegúrate de que tu decisión está alineada a tu propósito, habiendo usado tu corazón para revisarla.

◇ Lleva tu atención al pensamiento que has determinado como el inicio de tu nueva experiencia.

◇ Cierra los ojos y usa tu imaginación para darle impulso. Imaginar crea las condiciones más importantes. En la imaginación, todos los pensamientos se relacionan con tu propósito y las emociones florecen espontáneamente para fortalecerlo. Imagínate transitando el espacio donde eso ocurre, pon atención a los detalles, colores y texturas. Observa el ambiente, si hay fragancias o sonidos. Incluye cada detalle. Todos suman.

◇ Mantente enfocado en eso que imaginas por el tiempo que puedas, verás que no es tan sencillo, en principio, poder hacerlo. Las distracciones aparecerán, pero vuelve la atención a los detalles.

◇ Observa las emociones y sensaciones físicas que acompañan lo que vivencias. Todas son válidas, recíbelas y deja que tu cuerpo las sienta con naturalidad. Poco a poco, regresa la atención a la respiración y prepárate para abrir los ojos lentamente.

◇ Cuando crees el hábito, puedes regresar la atención a esa vivencia en cualquier momento: al caminar, antes de descansar por la noche y al comenzar el día. Procura vivirlo con naturalidad, como se vive una fantasía, disfrutándola. Cuando aparezcan los cómo y los cuándo se harán evidentes porque regresará la ansiedad. En ese momento, prepárate para abrir los ojos y seguir con tus actividades del día. La decisión no implica una sola acción, sino el compromiso de sostener tu atención en lo que tu corazón ha elegido y, lo más importante, no poner tu atención en otro lugar. Este momento donde estás instalando el pensamiento debe ser cuidadoso y sagrado, con la misma dedicación que le daríamos a un bebé que acaba de nacer.

6

El poder de la intención

Lo que podemos percibir como algo real para los cinco sentidos, lo que materializamos, conlleva un proceso que nació en lo invisible, en ese espacio aparentemente oculto. Lo que pensamos, lo que sentimos, lo que vamos haciendo, nuestra actitud con ello, tienen en común una intención. Podemos llegar al mismo punto que otros que están haciendo lo mismo, pero dependiendo de cuál sea nuestra intención, será lo que ocurra. Las experiencias estarán determinadas por la intención que sostuvimos desde que lo pensamos y en cada acción tomada.

Si digo «te amo» con miedo a perder a la persona, puede que se reciba como una forma de control. Y el mismo «te amo», con amor verdadero, sin miedos, se sentirá libre, fresco y expansivo. La intención determina el resultado.

Hay quienes desarrollan esforzadamente prosperidad para demostrar que son valiosos y lo que logran es arrogancia, mientras que otra persona puede hacer el mismo trabajo con similares resultados, pero con la intención de crear posibilidades para otros y lo que recibiremos de esa experiencia será generosidad. Aun cuando no hagamos obvia nuestra intención, esta se manifiesta en los resultados.

Sucede que a través de nuestro cuerpo recibimos energía y ella va creando de acuerdo a nuestra intención. Podemos definirla como un campo invisible donde la energía que nos provee el Universo se encuentra con la nuestra y van dándole forma a eso que estamos pensando y sintiendo.

No podemos describirla con exactitud porque forma parte de ese mundo que podemos sentir, corroborar a partir de nuestras experiencias, pero nos resulta aún difícil explicar. Es parte de los misterios de los que somos parte. La física cuántica sigue investigando cómo funciona, y sus respuestas son cada día más cercanas a una conclusión, pero no sabemos de dónde llega con certeza. Por eso, elijo poner bajo la idea de Dios estos fenómenos. De todas maneras, para recibir su beneficio no necesitamos más que aceptar el proceso en el que ocurre y hacerlo propio. Es poco lo que sabemos del Sol, pero cada día nos ofrece su energía. Igualmente, saber cuál es la fuente no es requisito para recibir lo que nos ofrece.

Esa energía que determina lo que ocurrirá se sostiene en ese proceso que va desde el pensamiento hasta la materialización, a la experiencia sensorial. Mientras más conscientes somos de este proceso, más fácilmente podemos ajustar nuestra energía para que eso que queremos crear, llegue a su conclusión y no se pierda en distorsiones.

Las intenciones siempre prevalecen. Si hay una decisión tomada internamente que quizás no haya sido expresada o reconocida como, por ejemplo, terminar una relación, no importa lo que hagamos, digamos o demostremos, todo nos llevará al final de esa relación. Lo que la energía «lea» en nuestro interior, eso determinará en las experiencias finales.

Si la intención fuera aprender y transformar esa relación, aun cuando la otra persona decidiera no estar conmigo y concluyera nuestra convivencia, yo seguiría aprendiendo y de seguro llegaría transformado a la próxima relación. Lo que vemos es la consecuencia, la causa es interna. Esa causa determina por dónde la intención irá obrando.

Cuando el alma y la personalidad no están alineadas, nuestros anhelos más sinceros pueden quedar en la lista de lo imposible, porque en el momento de ponernos en marcha, los deseos de nuestra personalidad nos mueven por un camino, pero nuestro propósito interno nos lleva hacia otro. Muchos «no puedo», «no me corresponde», «es demasiado para mí» están sumergidos en espacios inconscientes, pero afectan nuestro proceso creativo porque la intención no discrimina a su paso. Lo que «lee» de nuestra energía, eso crea. Y si lee «no soy capaz», nos llevará a vivir tantas veces las experiencias de sentirnos incapaces o que literalmente nos digan «no puedes, eres incapaz», hasta que nos demos cuenta de que lo que está sucediendo es un efecto y la causa está de nuestro lado.

~~~~~~~~~~~~~~

LA TAREA

~~~~~~~~~~~~~~

◇ Aquiétate, respira profundo varias veces hasta encontrar serenidad.

◇ Revisa y anota lo que respondes a estas preguntas: ¿Qué es lo peor que podría pasar con esta situación? Si eso ocurriera, ¿cuál es el problema que me causaría? ¿Qué dirían de mí si fallo? ¿Realmente creo que puedo hacerlo?

◇ Deja que fluyan todas las respuestas. Hay pensamientos que generalmente no queremos pensar. Son esos que quedan guardados detrás de las expresiones «no quiero ni pensar en eso» o «no puedo ni imaginármelo». Este es el momento para revisarlos. Abre tu pensamiento a estas posibilidades porque ocultarlas, solo las fortalecerá. La resistencia a pensarlos es un claro indicio de que ese pensamiento está en nosotros y le estamos dando valor, temiéndole. También podemos evidenciarlo cuando al compartir con los demás nuestros proyectos, nos enoja la idea de que no crean en nosotros. Si alguien no cree en lo que estamos desarrollando, y eso nos quita la paz, no dudemos en confirmar que ese pensamiento está en nosotros.

◇ Ya consciente, puedes escribirlos si fuera necesario. Hacerlo te permitirá confrontarlos con más firmeza. Observa todo lo que sientes al revisar la lista y en cada uno, recuerda que es solo un pensamiento, que no necesariamente esto debe ser así y que estás dispuesto a ver esta situación, o a ti mismo, de otra manera.

◇ Puedes crear un ritual para despedirte de ellos. Los rituales tienen la fuerza de poner en evidencia para nuestros cinco sentidos aquello que está ocurriendo en un plano invisible. Al poder ver cómo ese papel en el que están tus pensamientos se quema, se rompe y lo sueltas al viento, hay una experiencia en este mundo físico de eso que está ocurriendo en el plano energético. Y nuestra personalidad se rinde más fácilmente ante la evidencia. Elige la manera que te resulte más impactante, quemándolo, rompiéndolo o lanzándolo al viento. Puedes agregarle la palabra «gracias» después de despedirte de cada uno y respirar profundo. No se necesitaría ninguna repetición de palabras, pero la mente necesita dirección y la palabra «gracias», con todo lo que implica, te permitirá despedir el pensamiento acompañándolo con una mente serena y la emocionalidad a favor. Al agradecer, nuestra energía no ofrece resistencia.

◇ Mantente atento en lo cotidiano porque los pensamientos seguirán apareciendo, aunque con menos fuerza. Estar alerta te permitirá identificarlos y dejarlos pasar. A veces, se mostrarán obvios, como cuando te sientas impotente y lo termines diciendo, pero otras veces regresarán disfrazados. Por ejemplo, alguien te los dirá y cuando los escuches se activarán todas las alarmas, con enojo o resistencia, o pueden ocultarse detrás de la tristeza, especulando con algún fatal desenlace y quedar atrapado otra vez en ellos. Obsérvalos, y sigue. Recuerda no poner atención a lo que no quieres alimentar. Poco a poco, serán solo historia.

7

Una mentira personal

De todos los pensamientos que nos definen, que forman parte de lo que creemos ser, hay uno que lidera. Una raíz que le da sentido a todas las ramas que han ido creciendo con nosotros y forman el árbol de nuestra personalidad. Pero muchos de esos pensamientos no pueden ser reales, porque son contrarios a nuestra esencia, a lo que por derecho de vida somos. Por ejemplo, somos amorosos por naturaleza, por lo que ser compasivos, amables y generosos es nuestra verdad. Es decir que la posibilidad de que seamos algo diferente es una mentira que creemos verdadera.

Una forma de definirnos, no por quien realmente somos, sino por alguna experiencia que hayamos vivido y que haya envuelto tanto dramatismo, que quedó sellada como una aparente verdad.

Este primer pensamiento pudo tener su origen tanto en la preconcepción, por el deseo que movió a nuestros padres a traernos al mundo; en la gestación, por los estímulos recibidos en el entorno familiar cuando comenzamos a encarnar en este cuerpo; en el momento del parto, que sigue siendo traumático por las condiciones en que suceden, aun cuando hemos avanzado en la forma de dar a luz y somos más conscientes de no entorpecer el proceso natural tal como sucede; o también puede gestarse en los primeros años de vida, a partir de experiencias inesperadas, traumáticas y donde las emociones han estado envueltas, especialmente el dolor.

Eso por lo que hemos sufrido, determinado por lo que percibimos de lo que sucedía, por nuestra mirada cuando fuimos niños que nos dejó una herida. No solamente por lo que ocurrió, sino por cómo lo vivimos y por nuestra propia interpretación de los hechos.

Me gustaría saber que esto es solo para algunos de nosotros, pero en mi experiencia debo reconocer que nunca he encontrado una persona que esté en el mundo sin olvidar, en algún momento, su esencia. Me encuentro con muchos que ya la han recuperado y viven en ella, o al menos hacen el trabajo diario para conseguirlo, pero de una u otra manera es un trabajo pendiente para realizar en la mayoría de nosotros con nosotros mismos. Sí, con nosotros mismos, porque si bien las habremos vivido, escuchado o recibido de los demás, fuimos nosotros, en plena inconsciencia, quienes incorporamos las razones de ese dolor como propias. Y es en nosotros, ahora con más conciencia, donde debemos trabajar.

Estas son algunas de las «mentiras» más comunes:
- No soy importante.
- Soy culpable.
- No valgo.
- No soy bienvenido.
- No merezco ser querido.
- Soy un problema.

- No tengo suerte.
- Soy una carga para los demás.
- Mi presencia incomoda.
- No merezco ser tratado con respeto y dignidad.
- Me equivoco en todo.

Estas primeras ideas se incorporan en nuestro sistema de pensamiento impulsadas por lo que sentimos, ya que nuestro razonamiento no es consciente para que estas primeras declaraciones sean tomadas como una decisión propia. Y puede que no solo se registren en los primeros años, donde las primeras se instalan, sino que sigan ocurriendo hechos que continúan armando la historia de quienes creemos ser.

Una pérdida de trabajo no elaborada interiormente nos puede dejar con la idea de que «no hay lugar para nosotros», ya sea por la edad o nuestras capacidades, o que «la vida no es justa y no está de nuestro lado». Estas declaraciones tienen la capacidad de llevarnos por caminos que quizás no nos impidan llegar a destino, pero que serán largos y sinuosos. Cuando me encuentro con personas a las que la vida se les hace un camino cuesta arriba, les recuerdo que puede haber otra manera de hacerlo y que seguramente están siguiendo un guión propio, porque la vida en sí, no es así.

Lo que atraemos suele confirmar esas ideas. Por eso, es una tarea ardua para el que la vive, poder reconocer que es solo un pensamiento. Al abandonado, le cuesta pensar que lo que siente no es por otra razón que porque fue abandonado. Y que fue abandonado por una desgracia de la vida, por una decisión de la otra persona o algún error en su destino, pero no puede ver que lo que vive es una consecuencia, no la causa de su dolor. En algún momento percibió que era abandonado, sufrió por ello y esa mentira, que él cree verdad, lidera su manera de vivir. El abandono será parte de su guión, aun cuando no haya razones para sentirlo. Porque no somos espejos de la realidad, sino que ella es un espejo de nuestro mundo interno.

En el transcurrir de la vida vamos buscando la manera de compensar ese pensamiento. Generalmente lo disimulamos tratando de mostrar lo opuesto y hasta lo negamos cuando alguien nos cuestiona sobre él. Si creemos que no somos valiosos, nos esforzamos todo el tiempo en hacer cosas valiosas para destacarnos. Pero la intención no es hacer algo valioso sino la retribución que esto nos dará, porque calmará la angustia de la mentira. Entonces, tratando de ser valiosos con gran esfuerzo, recibiremos desaprobación. Y seguiremos intentando, y la rueda seguirá andando hasta que conscientemente decidamos detenerla.

Si nos negamos a revisarlo, aun cuando actuemos así, no lo podremos ver. Y también debemos cuestionarlo. Hay personas que sí son conscientes pero asumen esta mentira personal como una verdad propia. Todo termina con un «yo soy así», y no dejan lugar a alguna corrección, aun con lo doloroso que pueda resultarles.

Encontrar nuestra mentira personal marca un momento determinante en nuestro camino de evolución, porque justamente no podemos avanzar con la libertad que el espíritu nos da, ni en el plan que nuestra alma ha previsto para nuestro destino. Descubrir este pensamiento nos permite encontrar la llave que había cerrado la puerta, esta vez para abrirla y poder avanzar.

El proceso de encontrarla puede ser complejo. Sucede que aunque este pensamiento es evidente y está presente en la mayoría de los momentos de dolor, enojo o frustración de nuestra vida cotidiana, también crea una gran resistencia de nuestra personalidad para poder verla con claridad. Pero hay una manera inevitable de encontrarla y es a través de los demás.

El apóstol Mateo cuando dijo: «¿Y por qué miras la paja que está en el ojo de tu hermano, y no ves la viga que está en tu propio ojo?», nos estaba dando la clave para nuestro trabajo interior. Cuando no podamos ver la viga en nuestro ojo, la veremos en alguna medida en los demás. La vida nos dará, como un gran espejo, la posibilidad de ver en lo visible y en experiencias concretas lo que está en nuestro mundo invisible. En definitiva, aquello que me molesta de los demás, no es más que una proyección de lo que me molesta de mí, que sé que no soy, que no me gusta ser, pero que mi personalidad aún no está dispuesta a negociar.

En los *Spiritual Boot Camp*, los retiros de fin de semana que dirijo donde nos damos tiempo y espacio para estar con nosotros mismos, este suele ser uno de los momentos más reveladores. Nos cuesta mucho aceptar que lo que nos enoja de los otros tiene que ver con nosotros. Nos cuesta tanto, que aun cuando sabemos que identificarlo nos aliviaría un gran dolor y nos haría libres, estamos dispuestos a seguir invirtiendo nuestra energía en condenar al otro o tratar de cambiarlo. Pero evitamos confrontar esta idea con nosotros mismos.

Cuando aparece esta resistencia, les recuerdo que lo que estamos descubriendo es una mentira sobre nosotros mismos. Es decir, ¡no somos eso! Pero inconscientemente creemos serlo y la manera en que el alma nos permite revelarlo es donde nuestra atención está puesta: en los demás. A través de ellos nos va revelando nuestras propias mentiras.

Esto no significa que los demás sean o no como los vemos. Pero la razón por lo que eso se vuelve significativo es porque refleja algo de mí. En México hay una expresión popular que sintetiza este proceso: «Lo que te choca, te checa». Si no tiene que ver contigo, aun cuando no estés de acuerdo con lo que el otro hace, no perderías la paz.

Observando lo que nos enoja de los demás, se nos revelará nuestra mentira personal. Cuando nuestra personalidad se niega a verse a sí misma, el alma se la muestra de formas evidentes. Y nada es más evidente que un espejo. Lo que veo, es lo que hay.

LA TAREA

◇ Identifica a una persona con quien te sientas incómodo, te enoje o, de la manera que ocurra, sientas que te quita la paz. Anota sus características y lo que te disgusta. Por ejemplo: «José es egoísta».

◇ Observa cómo te sientes, qué emociones despierta en ti lo que estás viendo del otro. Toma nota de esas emociones.

◇ Observa lo que esa persona hace para que te sientas de esa manera. Por ejemplo, recuerdo el caso de Mariana, que llevaba varios años en una relación de pareja con José, pero de manera turbulenta, porque ella siempre exigía una forma de atención que José no le daba. Ella aseguraba que estaba en la relación por amor a él, pero la frustraba su manera de ser, lo que convertía esta convivencia en un gran desafío. Le recordé que justamente lo que le faltaba a esa relación era amor, porque cuando el amor está presente, el conflicto no crea turbulencias, sino voluntad para corregirnos. Y de alguna manera ella esperaba esa corrección, pero de parte de él. «¿Qué es lo que más te molesta de José?», le pregunté. «José siempre hace primero sus cosas, está pendiente de lo que él necesita y estoy en segundo lugar en su vida». Le pedí a Mariana que describiera con la mayor objetividad posible todo lo que José hacía para entender su malestar. Quizás aparezca una tendencia a victimizarnos, porque el enojo siempre nos lleva a ese extremo, y describamos lo que el otro hace buscando culparlo. Pero de ese encierro de la culpa es del que queremos salir. Hay una diferencia entre «José me posterga» y «José hace primero lo que él necesita». Lo que hace José es lo mismo, pero en el primer caso Mariana no estaba hablando de José, sino de ella misma. Por eso, estemos atentos a descubrir con objetividad y siendo observadores de lo que esa persona hace.

⬦ Revisa lo que hayas escrito, pero ahora en relación a ti. No te quedes con la primera impresión. Presta atención incluso a alguna incomodidad que sientas haciendo este ejercicio. Si hay resistencia, es señal de que estamos más cerca de descubrir la mentira. Acompáñate de la respiración.

⬦ Comienza por revisar lo que esa persona hace, que es donde más objetivos podemos ser. En el ejemplo de José, lo que a Mariana le enoja es que solo piensa en él. Entonces, al mover esa lista para revisarla con su propia vida, Mariana se preguntó: ¿Pienso en mí? ¿Considero mi opinión válida en una decisión o me quedo con la de los demás? ¿Me dedico tiempo? Ella se respondió: «No, no y no».

⬦ Simplemente convierte en preguntas personales la lista de acciones que hayas encontrado en la persona con la que sientes malestar, pero esta vez para ti. No siempre será tan claro, aunque he visto que en la mayoría de las experiencias con quienes he compartido, este «darse cuenta» es inmediato. Todo depende de nuestra humildad en reconocerlo, las resistencias que nuestros miedos nos pongan, el dolor emocional por el que estemos pasando y nuestras ganas de estar en paz y salir adelante.

◇ Una vez puedas encontrar las primeras evidencias de tu mentira en las acciones de los demás, iremos al principio de nuestro trabajo, revisando la manera en que definimos a esa persona por hacer eso. En el caso de José, Mariana dijo «egoísta». Con este paso, podrás darle un nombre a tu mentira personal. En este caso, la mentira personal de Mariana es «soy egoísta». Cuando se lo dije, su ojos me miraron con el mismo enojo que miraba a su pareja, y comenzó a defenderse. Pero le recordé que esta era una mentira, por lo que no debía tratar de defenderse, ni siquiera de cambiarlo.

◇ Es una mentira que creímos verdad, y por la que hemos estado actuando de una forma muy estricta para neutralizarla. Si de algo se sentía muy orgullosa Mariana era de ser generosa. «Tan generosa, que por ocuparte de todos te olvidas de ti», le comenté. Y allí estaba la verdadera razón de su enojo. Si pensaba en ella, se sentía egoísta, entonces, se dedicaba a estar pendiente de los demás, incluyendo a José, pero postergándose. Y ese descuido le dolía. Por eso, cuando su sabiduría interna fue llevándola a salirse de ese pensamiento, comenzó a verlo en los demás.

◇ Lo reconocemos especialmente en las personas con las que compartimos nuestras relaciones inmediatas. Ellos se convierten en nuestros espejos más fieles. Como esto no es lo que somos, ni lo que merecemos, ni la razón por la que llegamos al mundo, alguien tiene que avisarnos por dónde poder salir de ese engaño. Y las personas que nos rodean nos ayudan en este proceso… ¡y mucho!

◈ Una vez descubierta la mentira, seguiremos atentos a no caer nuevamente en su trampa. Pero, más importante aún, será tomar acciones que nos acerquen a nuestra verdad. En la medida en que alimentamos nuestra verdad, la mentira pierde peso. Mariana descubrió que era necesario prestarse atención, priorizarse e incluirse. Y que lejos de ser un acto egoísta, la acercaba aún más a su esposo. No solamente porque dejaría de hacerlo responsable de su propia necesidad, sino porque podría ofrecerle una versión más completa de sí misma. «Merezco cuidarme y dedicarme tiempo. Esa será la tarea. Tomar acciones concretas que honren esta verdad», reconoció. Desde aquel día Mariana se liberó, y liberó a José. Además pudo apreciar el valor y respeto personal que su pareja tenía por sí mismo, al ocuparse de ella, pero sin olvidarse de él. Puede que al finalizar el proceso de este ejercicio descubramos que la persona no era como la percibimos. O puede que sí, que sea así, pero ya no nos quitará la paz, porque no usaremos ese aspecto del otro para vernos, por lo que podremos decidir establecer un nuevo lazo, esta vez desde la intención de compartir y no con la necesidad de sanar.

8

Acción consciente

«La acción mata el miedo, o al menos lo envenena». Esta es una de las frases de mis libros que más recuerdan los lectores. La tengo siempre presente porque estoy convencido que una vez que apostamos por comenzar a hacer lo que tememos, el miedo pierde fuerzas.

Cuando descubrí que quería dedicar más tiempo a los grupos que convocaba, a principios de mi carrera, tuve que reconocer que si bien la motivación era por el gusto de compartir con otros, debía generar ingresos para continuar pagando mis gastos diarios. De solo pensarlo, los miedos, desde los más conscientes a los inconscientes, formaron fila. Para nuestra cultura, vivir de lo que nos apasiona no nos es tan natural. Pero, de todas maneras, no iba a permitir detenerme por los prejuicios y las historias que me contaba. Así es que decidí tomar acción. Sin esperar trabajar con mis miedos, porque muchas veces ni siquiera podemos tener claridad de cuáles son: enfoqué toda mi energía en hacerlo, como pudiera, como saliera, más allá de todo.

Convoqué a una primera charla. Le puse día, hora y lugar. Y además de enviar invitaciones por e-mail, imprimí unos panfletos que repartí en escuelas de yoga, entre amigos y por la calle. Llegó el día y a la hora de comenzar, las sillas estaban vacías. Quizás hubiera sido más cómodo ver pocas personas, pero no el espacio poblado de sillas desocupadas. Las sillas y yo. Todos los miedos que formaban fila me rodearon. Podría decir que escuchaba las voces que me decían: «Estás loco», «Solo a ti se te ocurre dejar un trabajo seguro por esta fantasía», hasta mi propia voz, que me desafiaba: «¿Quién crees que eres para que alguien pague por escucharte?». Voces que se convertían en gritos. De todas maneras, comencé a dar la conferencia como si las sillas estuvieran llenas, enfrentando el miedo más claro que se puede presentar a alguien que trabaja con público: que no venga nadie.

Hablé por casi dos horas, dije todo lo que había preparado para ese día y cada vez que se me cruzaba la idea de detenerme ante la evidencia de un fracaso, respiraba y seguía. Al terminar, sentí que había ganado una batalla, una de las batallas más grandes. ¿Qué miedo podría quedar en pie luego de no dejarte vencer por el más grande de ellos?

Ese día confirmé que lo que me apasionaba no era negociable, que las sillas vacías eran un desafío para mi ego, pero no para mi alma.

Desde aquel primer intento, la realidad fue diferente. Tan diferente como fue la sensación de libertad interior que sentí desde aquella tarde. Porque no podía ser distinta la consecuencia si la causa se había transformado.

LA TAREA

◇ Una vez que podamos imaginar lo que deseamos y las resistencias internas hayan perdido fuerza, llega el momento de tomar acción. Definamos cuál será la primera, el primer paso o la estrategia inicial. No nos tentemos a perdernos en grandes planes. No podemos llegar al segundo paso sin haber dado el primero. El primero es definitivo porque marcará el inicio de todo el proceso. No es un paso más, ni el más pequeño.

◇ Para definirlo, podemos hacernos esta pregunta: ¿qué es lo que puedo hacer ahora, en este momento, con los recursos que tengo? Enfoquemos en lo que hay, lo disponible, lo que ya está. Siempre hay algo por hacer, solemos descartarlo por ser «poco» y «demasiado fácil o sencillo». ¡Apostemos por ese!

◇ Tengamos en cuenta que lo que queremos hacer es para nosotros. Con este primer paso buscamos experimentar lo que antes era solamente una idea. Que nuestros cinco sentidos comiencen a rendirse ante la evidencia de nuestro plan. Si es recibido por los demás, valorado y crea un resultado será bienvenido y sumará, pero no es la intención en este momento. El valor de esta acción está en dar el paso. El impacto interno que tendrá es lo que estamos buscando. Y lo que vamos a conseguir.

9

Salir de la ilusión

Nací en un área de campo, por lo que mis primeras experiencias están ligadas a una forma de vivir donde el ingenio para solucionar problemas estaba a la orden del día. En aquellos años, en áreas rurales no teníamos los mismos recursos que llegaban a las ciudades, lo que la tecnología ha logrado cambiar en los últimos años. Por aquel entonces, aprendimos a vivir con lo que había y a inventarnos el resto.

Uno de esos inventos es el boyero eléctrico. *Boyero*, además de ser un pájaro de plumaje negro, se le llama a la persona que cuida el ganado que va de un corral a otro cuando hay que moverlo para pastar. Hasta que a algún gaucho se le ocurrió crear una versión moderna y reemplazar a varias personas que harían este trabajo poniendo un alambre a través del recorrido, conectado con electricidad de bajo voltaje, suficiente para dar un golpe eléctrico suave, sin hacer daño.

Seguramente en estos días habrá quienes podrían opinar que esta era una forma de maltrato animal, y quizás lo era, pero aun hoy también propondría que observáramos nuestra forma de maltrato humano cuando provocamos dolor sin cuidar al otro, ni a nosotros. Dolor de todo tipo, pero sobre todo emocional, del que de una u otra manera la mayoría estamos silenciosamente involucrados.

Volviendo al campo, cuando el ganado salía de un corral para llegar a otro, no podía desviarse del camino porque si lo hacían, estos alambres casi invisibles les enviaban una señal de electricidad que duraba un segundo, pero que era suficientemente llamativa para que retrocedieran y retomaran el camino hacia su destino final.

Nosotros también tenemos nuestro propio boyero. Nuestro GPS hace ese trabajo. Cuando definimos un destino, pero estamos tomando el camino equivocado, sentiremos un llamado de atención en forma de molestia o cierto dolor, que no hará daños mayores, pero nos alertará que no es por allí. Y cuando digo equivocado no quiero referirme a malo. Nuestro GPS, dirigido por el alma, no tiene estos juicios que son del hombre. Simplemente nos avisa que por allí no llegaremos a nuestro destino, el que en acuerdo con nuestra alma establecimos como una prioridad.

Esto implica que cada vez que vayamos a hacer, decir o estemos pensando en algo que no sume a nuestro camino, el dolor aparecerá. De allí que existan situaciones convenientes o muy buenas, según la personalidad, pero que no se sienten bien. Si lo que voy a decir no se siente bien, eso que voy a decir no resultará en lo que imagino. No llegaré a donde espero llegar con esa conversación si lo que voy a decir me crea malestar. Recordemos que la intención determina la experiencia, y cuando nos movemos de la intención, el alma nos hace saber que estamos alejándonos del camino. No nos detiene, porque la personalidad tiene, al menos en este mundo, libre albedrío. Pero nos alerta que perderemos tiempo y que seguramente lo lamentaremos con más dolor o con su manera más potente: el sufrimiento.

Esta distinción que intento establecer entre lo que me suma a mi camino, lo que me acerca al destino o lo que me aleja de él, usando la figura del boyero, también nos ayuda a determinar una diferencia entre lo que es real y lo que pertenece al mundo de las ilusiones, generalmente esas ideas que nacen y se sostienen en nuestros miedos.

Este concepto de lo que es real y lo que es ilusorio es profundo de explicar y un tanto difícil de comprender para nuestro intelecto basado en los cinco sentidos. Pero es un nivel de discernimiento profundo que nos pondrá en otro nivel de conciencia cuando logremos adoptarlo.

Un Curso de Milagros dice en sus primeras frases que nada real puede ser amenazado y que nada irreal existe. Que en esta verdad radica la paz de Dios. Es una ecuación sencilla de leer y entender, pero puede tomarnos un tiempo asimilarla por la profundidad que contiene.

Lo que el curso nos dice es que lo que realmente somos nunca estuvo en peligro. Que una persona puede tener una vida de mucho caos, violencia y contrariedades, pero que aunque ocurriera lo peor, lo que realmente esa persona es, su posibilidad de amar, de perdonar, de gozar de las virtudes divinas, nunca estuvieron en peligro. Y, por otro lado, señala que si lo real es lo único que existe, todo lo demás fue una ilusión. Un largo sueño donde estuve creyendo en algo que finalmente me daré cuenta que no es verdad. Y que comprender y aceptar esta idea, nos permite estar en paz.

Podríamos decir que la ilusión es de la personalidad. Todo lo que pensamos según nuestro punto de vista es lo que forma la ilusión, la que por más comprobada que esté en el mundo de los cinco sentidos, acabará, a más tardar, cuando nuestra alma ya no esté en este cuerpo. De hecho, cuando podemos familiarizarnos con la idea de nuestro paso finito por el mundo, del final de nuestra historia en este cuerpo, podemos comprender que con nosotros se terminan esas historias. Lo que considerábamos importante según nuestro punto de vista, deja de serlo cuando entendemos que eso también, como nosotros, tiene un final.

Sin perdernos en la teoría, el mensaje importante que quiero dejar claro es que poder diferenciar lo que consideramos real de lo que no lo es, es un salto evolutivo inmenso, porque no nos deja caer en las tentaciones del mundo, que son juicios que nos distraen, nos entretienen y nos demoran en nuestro andar.

En definitiva, cada persona percibe lo que puede o lo que se permite. Y cuando interactuamos, vamos tejiendo ilusiones grupales, lo que hace que eso que veamos y que el otro vea, termine siendo así. Y será así por un tiempo, porque toda ilusión termina en desilusión. Siempre. Es ley de vida. El «yo pienso» efusivo y convincente termina en un opaco y triste «yo pensaba». Tarde o temprano las ilusiones se caen. De hecho, las ilusiones que nosotros no podamos ver en su momento, el tiempo nos las mostrará.

La trampa en la que caemos cuando estamos entre ilusiones es que generalmente nos rodeamos de quienes ven el mundo como nosotros. El que siente ira porque el mundo es injusto se topa con la injusticia, el injusto y el defensor de la causa. Todos hablan su mismo idioma. El que cree en la carencia solo ve imposibilidad, desaciertos o prosperidad ajena, para que todo confirme su punto de vista. Y una vez que lo que nos rodea nos devuelve nuestra ilusión aumentada, la posibilidad de que eso no sea verdad se hace cuesta arriba. Porque cuando entramos en el mundo de las percepciones, lo irreal viene con todos los vestidos de lo que parece real.

Pero para eso está el alma. *Un Curso de Milagros* usa la referencia del Espíritu Santo para referirse a una parte de nosotros que tiene capacidad de ver la ilusión, pero no creerla. Que no la niega, porque si la negáramos el conflicto sería mayor, dándole la espalda a lo que tenemos que mirar para resolver. No podríamos resolver un problema que creemos no tener. Pero el Espíritu Santo expresa el curso, tiene la capacidad de reconocer ambas realidades, la del mundo y la del alma, aunque tiene la sabiduría para darse cuenta de la diferencia entre una y otra, cuál es real y cuál no. Como ya comenté, en mi primer libro llamé «La Zona» a esa parte que todos tenemos para poder discriminar entre lo que «es» y lo que «no es». Una parte interna que puede marcar esa diferencia, como el boyero en el campo. Lo que produce dolor nos avisa que estamos viendo algo que realmente no está allí.

El atrapado por la ilusión verá sus ilusiones en cada rostro y en cada vivencia, pero cuando abrimos la visión del alma, sin dejar de ver la ilusión, también comenzamos a ver la verdad, y sabremos distinguir la diferencia. Veremos el enojo y escucharemos el insulto, pero también podremos reconocer el corazón herido de quien grita. Eso nos vuelve comprensivos, más amables con el prójimo y con nosotros mismos, y de una valentía que nos permite jugar al juego que nos toque jugar, sabiendo que es solo un juego. Y que todo juego se disfruta porque eventualmente tendrá un final. Y que la vida es más grande y más larga que ese juego. La astucia de distinguir la diferencia entre el juego y los planes del alma.

La ilusión, al igual que los espejos, pone la verdad del revés. Lo que es del Cielo lo pone en la Tierra y lo que es de adentro, afuera. Y así nos va cambiando nuestra búsqueda. Y terminamos buscando el amor, pero creyendo que solo otra persona puede darlo, buscamos la abundancia en lo material y a Dios en alguna esfinge. Creemos en lo que vemos, porque lo que vemos está afuera y descreemos en lo que sentimos, porque eso está dentro de nosotros. Nos pone, literalmente, el mundo patas arriba.

Cuando la personalidad está a cargo, el ego manda. Ante todo, nos recuerda que somos solo un cuerpo, dejando el alma y su largo viaje fuera de vista para favorecer lo que pensamos e ignorar lo que sentimos. De hecho, le quita toda veracidad a lo que las sensaciones pueden mostrarnos, para convencernos de su lógica y sus teorías, generalmente basadas en el miedo. Tiene miedo de perder, por lo que no comparte y procura ganar en todo momento, opina y lleva sus juicios a los extremos de lo bueno y lo malo, haciendo de la aceptación y la conciliación un recurso imposible, además de usar el enojo y la venganza como maneras de hacer justicia. Nos lleva constantemente al pasado, con la consecuente tristeza o melancolía que este nos trae, o al futuro, llenándonos de ansiedad.

Para los seres humanos esto no es nuevo. Desde hace miles de años hemos venido creando nuestras vidas, con sus valores y estructuras, desde la mirada del miedo, por lo que nuestras posibilidades de cuestionarlo se fueron perdiendo. Pero el llamado del corazón nos permite recuperar tiempo y nos recuerda que podemos volver a elegir qué tipo de vida queremos tener.

Sospecho que las grandes crisis que hemos estado viviendo en el planeta, desde lo financiero a la educación, la salud y en los gobiernos, nos están permitiendo abrir los ojos del corazón para ver más allá. De hecho, ese es el regalo que traen las crisis o cualquier conflicto. Nos ponen en un espacio donde tomar nuevas decisiones es una tarea inmediata, que la podemos demorar, pero que en algún momento tendremos que cumplir. Si los seres humanos nos hemos desarrollado tanto ¿por qué nos pasa esto que estamos viviendo? El boyero está mostrándonos que no es por allí, porque si algo tienen en común todas estas crisis es el dolor, la angustia y la frustración.

El alma puede ayudarnos a ver lo que realmente necesitamos cuando la personalidad nos crea una necesidad, para que nos demos cuenta de lo que de verdad necesitamos. En el mundo de las ilusiones, siempre buscamos el afuera. Por ejemplo, buscando el amor tratamos de «atrapar» a una persona. Y ante su ausencia, o ante la mera idea de que nos abandone, nos duele. Ese dolor es el mecanismo del alma para decirnos «no es por allí», «eso no es verdad».

Por eso, será natural que cultivemos, cuidemos y prioricemos aquello que enriquece el alma, porque será un nutriente verdadero para desarrollarnos. Todo elemento que se le parezca, pero que no sea real, nos dejará con hambre de más.

Claro está que si el dolor es el recurso del alma para alertarnos de una ilusión, ella también usa la paz interior para revelarnos lo verdadero. El dolor nos recuerda que no es por allí, y que lo que estamos pensando es una ilusión. Pero cuando la paz nos habita, el alma nos está diciendo que prestemos atención, porque eso que estamos pensando no solo es una verdad que debemos atender, sino que efectivamente es por allí.

LA TAREA

◇ Encontrar la diferencia entre lo real y lo irreal es un trabajo interno, no de los cinco sentidos. No hay opiniones ni defensas intelectuales que puedan interferir en ella. No estamos hablando de la verdad del mundo, sino de la verdad del alma. Y para esto el corazón tiene la palabra. Por eso, recurriremos a la pregunta clave: ¿cómo me siento?

◇ La sensación se ha hecho presente con el primer pensamiento, así que es inevitable que ante un pensamiento, una acción o cualquier vivencia que creamos verdad pero no sea así, el dolor estará presente. Este comienza con cierta incomodidad, con una sensación de pesadez en el cuerpo, o en emociones como la ira o lo tristeza.

◇ El dolor físico nos alerta de una ilusión. Por ejemplo, la idea de «no puedo con todo lo que debo hacer» nos alerta con dolor en alguna parte entre nuestros hombros, la espalda o la parte baja de la cabeza. Justamente allí donde creeríamos llevar «todo lo que debo hacer». También cuando sentimos que no podremos lidiar con una situación o una persona, porque lejos de aceptarla queremos que se parezca a lo que nosotros esperamos de ella, el estómago se contrae para recordarnos que no estamos logrando digerir esa situación y no confiamos en el proceso de la vida, o la exigencia a entenderlo todo y no abrir nuestra mente a otra manera de ver lo que nos sucede, que nos lleva a dolores de cabeza.

◇ El silencio es otro valioso recurso para este trabajo. Al escuchar lo que nuestra mente relata, como testigos y observadores de ese relato, nos damos cuenta de que este puede ser para convencernos de una idea o para defenderla. Cuando hay necesidad de defensa deberíamos dudar si se trata de una verdad del alma. Darnos tiempo para estar en silencio, aquietarnos y observar lo que nos preocupa va haciendo que las fantasías se distancien de lo que realmente tiene valor.

◇ Reflexionar es una tarea que nos conectará con el mensaje del alma. Una vez que estemos en silencio, y que hayamos escuchado lo que la personalidad tiene para decirnos, si la dejamos hablar, en un momento comienza a callarse. No se calla hasta que no le prestamos atención. Pero luego de darle su espacio y escuchar su relato, su voz irá perdiendo fuerzas y dejará en evidencia el mensaje del alma. Está en una forma de reflexión profunda, donde no analizamos, sino que con humildad estamos dispuestos a escuchar. Una reflexión que deja de lado nuestro intelecto para bajar al corazón. Quedarnos quietos, en silencio y en estado reflexivo. Es decir, atentos, alertas y observando, pero sin decir nada. Como teniendo una conversación silenciosa con el alma. Quietos, sin agendas ni apuros. Este no será un logro inmediato, excepto que tengamos una práctica consistente de meditación o de observación silenciosa, pero es posible y fácilmente alcanzable con la práctica.

◇ Al quedarnos quietos y hacer silencio, al principio se pondrán en evidencia las ansiedades, los miedos y las ilusiones. Por eso es importante escucharlas. Quedarnos y escucharlas. Evitar la tentación de abrir los ojos, de atender el teléfono, de hacer algo porque sentimos que hay un apuro interno que no podemos controlar. Observemos esa ansiedad y sigamos eligiendo quedarnos quietos y en silencio. Una vez que logremos atravesar esta línea de resistencia, sentiremos que escuchar el alma es posible. Porque nunca dejó de hablarnos, pero estábamos muy ocupados en nuestras historias. Rendirnos ante ella en quietud y silencio nos abre las puertas a su mensaje.

◇ Con esta observación profunda, poco a poco, iremos desarrollando un «olfato» especial, un recurso del corazón donde podremos sentir lo que es verdad, aun cuando lo que venga llegue vestido para distraernos. Lo sabremos porque además de escuchar lo que la personalidad nos dirá, tendremos en cuenta lo que el corazón nos muestra. Y tanto la verdad, como la ilusión, serán evidentes.

10

¡Respira!

Hay un mecanismo que nos renueva energéticamente, no solo al cuerpo físico, sino a nuestro cuerpo invisible. Ocurre desde nuestro primer instante en el mundo y nos acompañará hasta el último. Es la respiración.

Al inhalar y al exhalar se genera un movimiento del que no somos tan conscientes, pero se hace evidente cuando, por ejemplo, vamos a tener una actitud negativa, impulsiva y violenta, y con una respiración profunda evitamos que se manifieste. Cuando nos damos cuenta de que eso que vamos a decir o hacer no es lo que realmente deseamos, sino un impulso, la manera de evitar expresarlo es con una respiración profunda inmediata… y eso que vamos a decir, lo soltamos al respirar.

Esos pensamientos ya no saldrán de nosotros en forma verbal o física, sino que pudimos transformarlos, y darles una resolución más saludable. Saludable para todos, tanto para nosotros como para nuestro entorno.

Hemos aprendido a ser ecológicos con lo material pero aún nos queda pendiente llevar esta práctica a nuestro mundo invisible, donde hay tantos elementos tóxicos como en el material.

Tanto las emociones, como lo que pensamos, al ser energía, tienen un efecto tanto en nosotros como en nuestro entorno. Así como sabemos cuidar al medio ambiente depositando la basura en un recipiente, ya que resultaría impensable tirar basura sobre otra persona, sin embargo lo hacemos con lo que no podemos ver. Por ejemplo, cuando nos enojamos con una persona estamos volcando sobre ella nuestra energía tóxica, o cuando acentuamos lo negativo en una conversación o al insistir con lo que no se siente bien. Y lo peor de este juego es que solemos hacerlo con las personas más valiosas de nuestro entorno.

Por eso, incorporar el uso de la respiración nos permitirá no solo reiniciar nuestro GPS, para estar más sanos emocionalmente, sino también para poder hacernos responsables de nuestra propia basura invisible y eliminarla de manera más sana, rápida y efectiva, en cualquier momento del día.

~~~~~~~~~~~~

LA TAREA

~~~~~~~~~~~~

◇ Cuando una emoción te haga saber que has perdido tu paz, detente e identifícala en el cuerpo. Qué sientes y dónde lo sientes. Todo pensamiento que viene del miedo tiende a contraer el espacio del cuerpo donde está instalado. Por ejemplo, en el estómago si nos falta confianza en lo que vamos a hacer, en la cabeza si no sabemos cómo hacerlo y creemos que deberíamos saberlo todo, en el pecho si pensamos que es injusto que debamos hacerlo solos o en la espalda si sentimos que es demasiado para nosotros. Allí donde esté el pensamiento, allí sentiremos ese peso. Está claro que no tenemos nada visible sobre nosotros, pero sí la idea acerca de esa situación. Y las ideas densas pesan.

◇ Lleva la respiración a esa área del cuerpo. Si bien el aire que inhalas no puede llegar más allá de la base del estómago, la energía que mueve sí. Siente cómo la energía que mueve la respiración va recorriendo todo el cuerpo, de punta a punta. Con tu atención, llévala hasta ese espacio de dolor. Realiza varias respiraciones profundas, hasta que recuperes el bienestar. Sentirás que esa área se relaja, hay cierto alivio, una sensación de liviandad y mayor armonía en general.

◇ Cierra el proceso con dos respiraciones profundas y, suavemente, te reincorporas. Este ejercicio lo puedes realizar en cualquier momento que necesites cambiar un pensamiento o aliviarte emocionalmente.

~~~~~~~~~~~~~~

11

Con el GPS activado

Cuando tenía 15 años y estaba en el colegio secundario, una de mis mejores amigas era la celadora, la persona que llega al aula al comenzar el día a tomar asistencia (todos los días, a cada aula del colegio, además de atender algunos asuntos administrativos de los alumnos). Ella se llamaba Teresita y fue mi cómplice en una aventura que hasta hoy disfruto.

Me llamaba la atención que alguien pudiera hacer con alegría el mismo trabajo, tantas veces al día, tantos años. Estaba seguro de que aunque disfrutaba lo que hacía, porque su don era el servicio y lo practicaba en cada oportunidad, seguramente tendría un sueño que cumplir. En un recreo, le pregunté: «¿Cuál es tu sueño?». Y ella, sin dudarlo, me dijo: «Ir al Vaticano y conocer a Juan Pablo II».

Le prometí que lo cumpliríamos. Y así fue. Dos años más tarde, cuando terminaron las clases, emprendimos el viaje. Un 24 de diciembre estábamos en la Plaza de San Pedro, en fila para entrar a la misa que celebraría el Papa en la basílica. En mi inocencia, pensé que sería como ir a la misa de mi pueblo, pero más grande. Que entraríamos, que como estábamos a principios de la fila encontraríamos un lugar donde sentarnos y que en la misa, en lugar de un sacerdote, estaría Juan Pablo II.

Pero todo cambió en un instante cuando me explicaron que para entrar necesitábamos boletos y que estos se habían agotado un año antes. Toda la alegría de los dos años planificando el viaje se esfumaron en segundos. Pero no dejé que Teresita lo supiera. Nada es más seguro para los miedos que tener un testigo. Así es que le expliqué que necesitaba unos boletos y que iría por ellos. Las ideas para conseguirlos comenzaron a atormentarme, hasta la posible decisión de enfrentar el pensamiento que evitaba: no entraríamos a la misa.

Pero, ¿cómo podría aceptar como verdad algo que aún no había ocurrido? Faltaban dos horas para comenzar la misa y no podía bajar los brazos. Me serené y me hice una pregunta clave que se convirtió en la estrategia que hasta hoy uso para tomar decisiones: ¿qué es lo que se siente en paz? Y lo único que se sentía en paz, aunque no me hacía mucho sentido, era acercarme a las rejas de la puerta principal y buscar una solución allí. Por un lado, mi mente estaba en cuenta regresiva y me decía que dejara de perder tiempo y saliera corriendo a buscar una solución. Por el otro, mi corazón, que no recibía con agrado ninguna opción y me pedía que me quedara allí, quieto y atento, frente a las rejas de la basílica.

Pasaron los minutos y llegó una monja a preguntarme lo que necesitaba. No nos entendimos. Se fue y regresó con un sacerdote. Aún recuerdo su mirada cuando le conté, brevemente, la historia de este viaje. Me pidió que lo siguiera. Al finalizar la reja comenzaba una calle y por allí caminamos unos minutos. Era de noche, la calle estaba oscura pero había una luz en un portal. Allí nos detuvimos. Había una placa de bronce que identificaba una embajada, pero no podía ver con claridad de qué país. Sobre ella había un sobre, y en ese sobre, dos boletos. Al parecer, el sacerdote sabía que el embajador de su país no estaba en el Vaticano y que esa tarde habían repartido las entradas de protocolo. Me las entregó, entramos con Teresita por la puerta del costado, nosotros con dos mochilas negras, de idéntico color a las limusinas que iban marchando a nuestro lado. Terminamos sentados en las primeras filas y, finalmente, Teresita pudo cumplir su sueño.

¿Qué hubiera pasado si hubiera confiado en mis estrategias racionales? Quizás hubiera cumplido este sueño un año después. Pero la certeza del gozo que sentí por dos años pensando en este viaje me daba la fuerza interna para no caer en la tentación de negociar la meta. Todavía recuerdo esta experiencia como la primera vez que pude sentir la fuerza del corazón guiándome a destino, con el GPS activado.

LA TAREA

◇ Cuando emprendes alguna acción, ten en cuenta a tu GPS, este siempre te indica cuándo avanzar y cuándo es el momento de detenerte porque eso que vas a hacer no te llevará a destino. La manera de saberlo es preguntarte cómo se siente lo que vas a hacer en ese momento. Si se siente en paz, adelante. Si no, detente.

◇ El desafío será hacer lo que se siente en paz cuando la lógica o nuestras preocupaciones tengan una agenda diferente. En esos momentos, recuerda que el alma manda y que su sabiduría está mostrándote el camino. Alcanzará vivir una vez la experiencia de hacer lo que se siente en paz para corroborar que es la mejor elección. O hacer lo contrario, y nos daremos cuenta, ya en el camino, de que no era por allí.

◇ Cuando no haya ninguna acción que tomar que se sienta en paz, quedémonos quietos y llegará una nueva idea. Si hubo un destino, existe un camino y el alma te mostrará por dónde es. Puedes comenzar a preguntar revisando cómo se siente cada respuesta. Es posible que, a veces, el mensaje no sea tan claro. En esos casos, recurriremos a preguntar, idea por idea, cuál se siente en mayor bienestar.

◇ El alma no conoce de juicios, de caminos mejores o peores. Lo que nos señalará es el camino más acertado, en ese momento, en esas condiciones. Las respuestas tienen validez en ese momento para el próximo paso que queramos dar.

12

Saber decir «hasta aquí»

Al tener que viajar con mucha frecuencia, mi refrigerador suele estar casi vacío. Puede haber algunos vasos de yogur como una opción rápida para esos días en que llego con apetito y quiero comer algo de inmediato.

Una noche, llegué de un viaje de varias horas, era muy tarde y necesitaba comer algo para poder luego ir a descansar. Y lo primero que encontré fue un yogur. Lo comí sin prestarle atención a la diferencia que podría haber encontrado con su sabor original. Al día siguiente, mi estómago me avisó que algo no estaba bien. Revisé el vaso del yogur y confirmé lo que imaginaba: estaba vencido.

Esa experiencia fue un doble aprendizaje, por un lado, el más obvio, el ser más cuidadoso y revisar la fecha de vencimiento, pero el más importante fue darme cuenta de que esta actitud también la tenía con circunstancias o personas en mi vida cotidiana. En el apuro, dejaba pasar ese mal sabor que experimentaba, para luego darme cuenta, un poco más tarde, de que ese malestar que tenía era porque seguía consumiendo lo que la vida ya me había mostrado que estaba vencido.

Cuando algo sabe mal, se siente extraño o no es cómodo, no significa que sea malo o negativo, sino que está vencido. Simplemente, ya no es para nosotros.

Desde aquel día comencé a prestar más atención a aquello que lucía bien, pero no se sentía igual. El yogur no ponía en evidencia que estaba vencido, porque su vaso era plástico. Pero si hubiera prestado atención a lo que sentía al comerlo, que fue advertido pero en el apuro lo dejé pasar, hubiera evitado un problema mayor.

Así nos pasa con muchas situaciones e incluso con algunas personas. Puede que sea nuestro trabajo o la forma en que lo hacemos. Que algo esté vencido no significa que sea el final. A veces, el vencimiento está en la forma de hacer las cosas, en la manera en que las pensamos o en la actitud que tenemos. Y otras veces, el final está marcado. En todo caso, la paz interior definirá la verdad.

Por ejemplo, en una relación, si lo que está vencido es una forma de comunicarnos o de tratarnos, por más que pensamos que es la correcta, no se sentirá bien, anunciando el final de una etapa, pero no de la relación. En cambio, cuando sintamos que la relación es la que está vencida, y nos sintamos en paz con esa idea, es decir, no haya rencor, enojos, insatisfacción ni deseo de acatar ni defendernos, sino quietud en nuestro corazón, sabremos que el final de esa relación ha llegado.

Por eso, siempre sugiero que antes de concluir una historia nos preguntemos cómo nos sentimos. Si estamos en paz, el final es evidente. Pero si hay alguna forma de malestar, es que se ha vencido una etapa, pero la historia continúa.

~~~~~~~~~
LA TAREA
~~~~~~~~~

◇ Comienza a prestar atención a las situaciones de tu vida en que todo aparenta estar bien, pero no se sienten bien. Hay sensaciones, que van desde una leve incomodidad, cierto aburrimiento o malhumor hasta el enojo, que aparecen y solemos dejarlas pasar.

◇ Cuando algo no se siente bien, aunque luce bien, es que está vencido. Quizás no sea muy obvio, porque si miramos las formas todo parece estar en orden. Lo que se ha vencido suele ser imperceptible para el que vive la situación, por eso las sensaciones en nuestro cuerpo nos ayudan a revelarlo. Detente, tómate unos minutos, respira y observa. Identifica la sensación y úsala de punto de partida para cuestionarte. Formula preguntas usando eso que sientes. Si sientes tristeza: ¿qué es lo que te pone triste de esta situación? No dejemos de lado las preguntas simples. Las respuestas claras surgen de preguntas claras y directas.

◇ Al identificarlo, podrás darte cuenta de que lo vencido puede ser un aspecto de esa situación o de la relación con esa persona. No te quedes en la ambigüedad de una respuesta abierta. Dedica tiempo para encontrar la respuesta. Sabrás cuál es la respuesta final porque al pensarla, te sentirás en paz.

◇ Hay pocos finales absolutos en nuestra vida, de los que nos marcan el final de una relación, de un trabajo, una profesión o hasta de una forma de mirar la vida. Pero estamos entre constantes pequeños finales que forman parte de la historia de esa experiencia. La sabiduría está en poder identificarlos y saber diferenciarlos. Tu corazón siempre te dará la respuesta.

◇ Lo que creas y sientas que llegó al final, se sentirá en paz. Si estás en paz, la idea del final es verdadera. Algo puede resultarnos pesado o incómodo de una situación y eso nos alerta, pero en esa misma situación la idea del final se puede sentir en paz. La paz interior es un sentimiento profundo que puede convivir con las emociones de la personalidad. Por eso, cuando revises cómo te sientes, también pregúntate si estás en paz con la idea de que allí hay un final.

◇ Si al pensar en el final aún hay enojo, tristeza o alguna emoción alejada de este profundo bienestar, es que hay un final de algún capítulo, pero la historia continúa. En este caso, regresa a los primeros pasos. Identifica la sensación y úsala de punto de partida para preguntarte por qué te sientes así y reconocerás los cambios que deberás hacer para recibir lo nuevo en lugar de eso que ya está vencido.

◇ Los procesos de la vida están en constante movimiento, por lo que es natural que constantemente haya «vencimientos» que debamos identificar. Estos no son errores, sino parte de la experiencia del vivir. El único posible error es seguir sosteniendo lo que ya venció. Pero el cuerpo no demorará en avisarnos. Es cuestión de estar atentos y darnos el momento de reflexión para advertirlo.

13

Devolver lo que no es nuestro

Hacemos lo que podemos, lo que sabemos y lo que nos animamos a hacer. Y en todo lo que hacemos hay algo en común: creemos que es lo mejor. Nadie se equivoca porque quiere, sino porque está experimentando y apuesta por lo que puede y sabe hacer en ese momento. Pero lo que debería alertarnos es que incluso cuando los resultados no son los esperados o las consecuencias no son positivas, seguimos con insistencia haciendo lo mismo. ¿Por qué no podemos salirnos de ese círculo tan claramente inútil para hacer algo diferente?

Funcionamos a partor de lo que hemos aprendido, tanto de nosotros, de experiencias pasadas como de los demás. Especialmente de los demás. Por la manera en que vimos que otros hacían las cosas y por lo que nos contaron sobre la manera de hacerlo. Mucho del respeto que tenemos por nuestros antepasados se basa en mantener ciertas formas de movernos por el mundo de acuerdo a lo que les funcionó a ellos. Y creemos que habría cierta traición si cambiáramos. Es probable que a ellos les sirviera, pero si a nosotros no nos está funcionado es necesario actualizar nuestras maneras de proceder.

Lo que consideramos bueno y malo está determinado por estos aprendizajes. Y es posible que nos hayamos sentido mal, incómodos o extraños haciendo cosas «buenas», y que aunque no nos hayan funcionado, sigamos insistiendo porque hacerlo diferente nos pondría en una posición incorrecta.

Me encuentro con muchas personas que mantienen un alto nivel de fidelidad a sus aprendizajes, afectando negativamente sus vidas, desde las relaciones amorosas, de trabajo y hasta en su economía. Y el error no es solamente que lo hagan, sino que no puedan verlo de otra manera.

Por eso, nuestro cuerpo nos ayudará a reconocer lo que es nuestro y lo que tomamos prestado de alguien. Cuando algo es prestado, es incómodo o nos molesta. Un zapato de un talle mayor al que calzamos no nos permite caminar con seguridad y un talle menor nos paralizaría por el dolor que nos produce en el pie. El zapato no es malo, no es inútil, simplemente no es para nosotros.

Por lo tanto, eso que nos resulta incómodo, aunque sea un regalo que hemos recibido, aunque nos encante o aunque sea «bueno», no nos dejará transitar lo que sigue del camino. Y sin camino no hay destino.

~~~~~~~~~~~~~~~~~~

LA TAREA

~~~~~~~~~~~~~~~~~~

◇ Revisa cómo te sientes con aquello que haces sin conseguir los resultados positivos. Identifica las sensaciones especialmente en tu estómago y en la parte superior de la espalda.

◇ Distingue lo que se siente cómodo de lo que te pesa. Hay acciones que no tienen los resultados esperados en este momento, pero que te llevarán a destino si se sienten bien. Otras, que aunque prometan en grande, resultarán esfuerzos sin logros. Pueden haber funcionado para otros, pero no para tu camino.

◇ Pon atención en diferenciar el cansancio físico de las sensaciones de pesadez, incomodidad o descontento. Las acciones alineadas contigo pueden en algún momento generar cansancio, es natural que así sea. Pero tu corazón estará en paz. Habrá dicha, aunque el cuerpo necesite descansar. En cambio, puede que tengas energía para seguir andando pero lo que te detiene es una sensación de pesadez que está más ligada a las emociones que al cuerpo en sí. Una manera clara de revelarse es a través del malhumor.

◇ Identifica lo que ya no es tuyo, lo que no representa tu manera o tu accionar y define una nueva manera de obrar.

◇ El darte cuenta de lo que «no es», te ayudará a definir lo que sí está en sintonía con tu caminar. Y pon atención a eso. Te darás cuenta porque es lo que tienes ganas de hacer y lo que posiblemente ya sabes cómo hacerlo. Y, por supuesto, se sentirá cómodo. Apostar por lo que el corazón decide y desafiar las opiniones de la personalidad es la tarea.

14

La fórmula que desarma las dudas

La duda cobra muchas formas, pero las más grandes aparecen cuando nos limitan a seguir andando, como lo vimos en el capítulo anterior, porque nos cuestionan si lo que haremos es lo correcto y, otras veces, directamente nos ciegan hasta que no podemos tener claridad en dónde o cómo dar el próximo paso.

En esos momentos, solo deberemos mover la atención hacia las personas que admiramos. No es casual que nos llamen la atención determinadas personas y lo que esas personas hagan. En nuestras proyecciones del mundo interno, terminamos viendo en los demás lo que nosotros, por miedo o por no haber dedicado tiempo a observarnos, no pudimos reconocer como una cualidad personal. Es decir, lo que admiramos de los demás es nuestro también. Puede que la otra persona sea como la vemos o simplemente sea nuestra proyección, pero eso que admiramos es una manera de poder ver con claridad lo que somos nosotros. Sí, los demás nos sirven como espejos para vernos, tanto en nuestras zonas oscuras como en las que nos hacen brillar.

Por eso, recurrir a estos inspiradores es una acción a tomar cuando dudamos sobre nuestras capacidades.

LA TAREA

◇ Identifica a una persona que admires; puede ser una persona real o un personaje de ficción, pero alguien en quien te inspiras.

◇ Haz una lista de las características de esa persona, especialmente las que se destacan desde tu punto de vista. Anótalas y revísalas hasta que puedas identificarlas en ti. Te darás cuenta de que ya eres de esa manera, pero que los miedos o la falta de estima personal les han quitado valor. Si te preguntaras: «¿cómo actuaría si no tuviera miedo?», encontrarías coincidencias con esa lista. El alma te permite verlas en los demás para hacerlas evidentes y que luego puedas reconocerlas en ti. No es casual lo que sientes al observar esa característica en ellos. Para otras personas puede ser un detalle insignificante o pasar desapercibido, porque quien lo proyecta eres tú.

◇ Puede ocurrir que como comunidad o grupo podamos ver nuestras fortalezas en una sola persona. Son los personajes que llamamos *ídolos* o *inspiradores de masas*. Por ejemplo, la Madre Teresa, más allá de ser compasiva, que es una característica de su camino personal, les permitió reconocer la compasión a millones de personas que la observaron y se sentían atraídos por esa característica. Y otros tantos vieron otras características en ella, cada uno lo que necesitaba reconocer. También sucede con personas que hacen actos desafiantes y que consideramos héroes. Ellos nos permiten ver una o varias características propias que se revelan al reconocerlas en su persona.

◇ Al identificarlas, poco a poco comenzarán a evidenciarse en tu actitud. Y proponte fortalecerlas en cada acción. Es decir, cuando des el próximo paso, no intentes ser así, reconoce que ya lo eres y notarás cómo esa actitud comienza a hacerse evidente con naturalidad.

◇ Ante la duda de cómo dar el próximo paso o qué paso dar, también puedes usar la figura del inspirador para encontrar esas respuestas. Pregúntate: «¿qué estaría haciendo esta persona, en este momento?» o «¿cómo lo haría?». La duda, que se sostiene en el miedo, no creará resistencia porque para tu ego estás hablando de otra persona. Pero podrás darte cuenta de que eres tú quien lo está pensando, que ya sabías qué hacer pero las nubes de la duda no te dejaban hacerlo propio. El espejo te ayuda a ver lo que no podías observar en ti.

◇ Podrás verificar que las señales del GPS te dicen «adelante», porque ante esas respuestas sentirás bienestar.

15

Las historias que nos contamos

Aun cuando estamos en silencio, hay una voz que sigue relatando lo que vemos, lo que sucede, lo que pasó y lo que pasará. Esa voz está en nuestra mente, no tiene sonido pero puede distorsionar nuestra manera de sentirnos como si eventualmente alguien nos estuviera relatando en voz alta.

Cuando nos aquietamos, podemos percibirla. Y muchos de nuestros dolores de cabeza están sostenidos en ella. Las preocupaciones, por ejemplo, consiguen allí su contenido. Es una constante especulación sobre los «debería ser», «podría haber sido» y lo que nos asegura que «ya no será». Nos habla de los imposibles y de los errores.

Escucharla no es tan importante, porque lo que nos dice es literalmente una gran mentira. Una exagerada novela sostenida en ilusiones. Pero se convierte en una tarea necesaria porque muchas veces dominará nuestros estados de ánimo, nuestras decisiones y eventualmente nuestro destino.

Esas historias que nos contamos van cobrando realidad porque de tanto repetirlas, las sentimos, las actuamos y terminamos siendo su actor principal. Eventualmente terminan, pero mientras tanto se llevan nuestra energía y, lo más importante, nuestro tiempo.

LA TAREA

◇ Cuando no encuentres razones evidentes para el malestar que sientes, ya sea preocupación o tristeza, tómate un momento, cierra los ojos y respira profundo.

◇ Pregúntate: «¿qué historia me estoy contando?», y deja que la respuesta aparezca. Te encontrarás con una historia sobre una persona o una situación. Si bien puede no haber caos a tu alrededor, la historia que te cuentas tiene todos los ingredientes para que sientas miedo en alguna de sus formas como si eso que piensas estuviera ocurriendo.

◇ Este ejercicio también lo puedes usar en situaciones de enojo. Cuando las emociones aparezcan, revisa qué historia te estás contando. Y te darás cuenta de qué el dramatismo con que te cuentas lo que vives puede ser la razón. Respira.

◇ Atestigua la historia, no trates de cambiarla ni resistirla. Obsérvala de la misma manera en que estás leyendo estas páginas. Con atención pero sin involucrarte. Respira. Mantente en este ejercicio unos minutos e irás recobrando el bienestar. Cuando abras los ojos, podrás percibir tu entorno de manera diferente.

◇ Puedes recordar que «esto que pienso no es necesariamente así» o «puedo ver las cosas de otra manera» cuando tu GPS te recuerde que lo que estás viendo es una
manera de reflejar la historia que te estás contando, no
necesariamente una verdad.

16

El protector infalible

La claridad que logramos cuando estamos en paz, quietos, suele dispersarse no bien ponemos un pie otra vez fuera de nuestra casa, suena el teléfono o miramos las redes sociales. La energía del entorno que nos rodea, algunas veces, parece ser más fuerte que toda la fortaleza que conseguimos en un momento de quietud.

De alguna manera, debemos encontrar un traje invisible a prueba de las «balas invisibles» que llegan desde lo que nos rodea. Esas balas no se ven pero se perciben. Una de las maneras en que nos llegan es a través de las palabras, de las miradas o de las actitudes de los que comparten nuestro día.

Ya hemos ido tomando conciencia de que lo que nos decimos tiene un impacto en nosotros, tanto lo que expresamos en voz alta, con palabras claras, como lo que nos repetimos en silencio, y especialmente cuando las emociones están involucradas. Cuando nos enojamos, cuando reclamamos sin compasión, cuando criticamos y hasta cuando nos sumamos a la negatividad de otro confundiéndolo con empatía, estamos enviando un poderoso material energético que puede impactar en la otra persona. A eso también me referiré en el próximo capítulo. Pero en este quiero dejar clara la idea de que hay maneras de sostener lo que hemos conseguido internamente ante cualquier energía externa que pueda quitarle fuerzas. Y ese traje invisible requiere nuestra voluntad de no negociar nuestra energía. A continuación, la manera de lograrlo:

LA TAREA

◇ La mejor manera de protegernos de lo externo no es evadiendo la realidad y mucho menos luchando contra eso. Si lo hacemos, estaremos dándole más atención, sumando energía, y, eventualmente, a ese «monstruo» le saldrán más cabezas. La manera de conseguirlo es poniendo nuestra atención en nosotros, sosteniendo nuestra energía. No podemos manejar la de todo lo que nos rodea, pero podemos hacerlo con la nuestra. Y será suficiente. Para eso, necesitamos encontrar un estado vibratorio que no permita que una energía inferior pueda impactarla. No importa cuán denso pueda ser el entorno, este no tendrá efecto si nosotros tenemos nuestra energía clara y potente.

◇ Para conseguirlo, debemos alinear pensamientos y emociones. Al pensar y acompañar una idea con una emocionalidad acorde, nos blindamos de tal manera que podemos sostener lo que hemos logrado.

◇ Para eso, tomaremos una decisión cuando estemos en ese estado de bienestar que queremos conseguir. En mi caso, sostengo la idea de que «por nada, ni nadie, negocio mi paz». Esta decisión la renuevo cada vez que no estoy en paz. Si bien la decisión la tomamos una vez, es necesario seguir haciendo el trabajo de renovar ese compromiso. No es un solo paso. Es una decisión que implica un trabajo cotidiano. Cada vez que pierdo la paz, en lugar de mirar hacia fuera, me detengo y retomo mi compromiso de no negociarla. Pongo la atención en cultivar y cuidar mi energía, sin poner el acento en lo externo.

◇ Usemos nuestro GPS para identificar cuándo una energía externa puede impactar en nosotros. Es posible que no sea tan manifiesta, porque no se está revelando a través de palabras ni se muestra de manera que podamos verla. Pero nuestro corazón nos advertirá del aparente peligro porque nos sentiremos incómodos. No habrá necesariamente enojo. Si lo hubiera, deberíamos revisar qué nos está sucediendo con eso que está ocurriendo. Pero cuando sintamos cierta pesadez o incomodidad con lo que nos rodea, retomemos nuestra decisión, repitiéndonos interiormente lo que hemos acordado con nosotros mismos. En mi caso, cuando comienzo a sentir incomodidad con algo que me rodea, o en momentos más obvios, como cuando alguien hace algo que no me agrada, recuerdo que «por nada, ni nadie, negocio mi paz». Y puedo sentir cómo sostengo mi energía aun cuando siga conviviendo con eso que no me agrada. Y así, se me facilita la aceptación.

◇ Si bien esta decisión personal de sostener la paz implica una labor diaria y constante, porque trabajo en ella desde hace algunos años y cada vez es más fácil de lograr, también podemos usar esta estrategia para períodos más cortos, donde necesitamos mantenernos fuertes ante una situación. Encontremos en quietud eso que queremos sostener, definámoslo con palabras. Por ejemplo: certeza, compasión, serenidad o aceptación. Pongamos atención en cómo se siente en el cuerpo. Y recurramos a ella en ese período donde sintamos que lo externo puede ser una amenaza, ya sea una reunión, una llamada telefónica o un examen médico.

◇ La clave para lograrlo será poner toda nuestra atención en nosotros, en lo que queremos crear, y no en evitar lo que no deseamos. En cuanto llevamos la atención hacia los demás, nos vamos de nosotros y, literalmente, perdemos el equilibrio. Y sin equilibrio, hay caída segura.

17

Compartir sin mezclar

«Es de sabios compartir, pero de necios mezclarse». Esta es una de las frases que recuerdo de una sabia amiga que al pronunciarla, puso en palabras una fórmula muy clara para estar conectados con el mundo, sin ser víctimas de él.

No debemos cerrarnos al mundo, pero tampoco entregarnos de tal manera que perdamos la posibilidad de elegir cómo queremos vivir nuestra experiencia.

Sucede que por ayudar al enojado, nos contagiamos de su enojo. Y así con la situación que el otro vive, sea cual fuere, pero que no es la nuestra en ese momento.

Venimos de un antiguo concepto de que ayudar al otro significa implicarnos tanto en la historia que lo hace sufrir o que le preocupa, que tratando de hacer el bien, caemos en la energía de la otra persona.

He aprendido que cuando alguien sufre y se siente víctima por eso, intenta poner a los demás a su servicio para nutrir su dolor. Esto que parece escapar a toda lógica, porque lo natural es que cuando alguien sufre, busque una salida de ese sufrimiento, se hace evidente cuando vemos a personas que solo hablan de lo que les preocupa, tratan de convencer a otros de sus razones para sentirse así o mantienen toda su energía puesta en lo negativo, permitiendo conectar solo con gente que suma a su negatividad y dejando de lado lo que no favorece su intención. ¿Cuántas veces hemos querido ayudar al que no se deja?

Cuando nos relacionamos con alguien que está transitando el dolor, es una decisión amorosa y muy positiva ofrecer ayuda, pero debemos estar atentos a no caer en su «embrujo de dolor». El que sufre, suele tener tan ensayado su guión, que tarde o temprano nos convence. Y cuando lo hace, perdemos toda posibilidad de ayudarlo. Lo más grave es que nos perdemos a nosotros mismos para sumarnos a su energía y ser parte de la historia que se está contando. Que posiblemente sea verdad para él, pero que si duele, ya sabemos que hay una mejor opción para elegir.

El medio por el que nos contagiamos con la energía del otro, y ya no podemos rescatarlo sino que nos atrapa, son las emociones. Podemos estar de acuerdo con lo que escuchamos y mantenernos en autodominio, pero cuando comenzamos a sentir lo que el otro siente, es inevitable que nos mezclemos y toda posibilidad de ayuda se hace imposible. Ahora, necesitaremos que alguien llegue y no se involucre emocionalmente con nosotros para rescatarnos, tarea que muy bien cumplen los terapeutas o los amigos que nos escuchan pero tienen la habilidad de no sumarse a nuestro drama, sino ofrecernos una mejor versión.

Esta es una forma de compasión en la que puedo mirar al que se siente en desventaja, asistirlo, y acompañarlo si busca encontrar otra mejor manera, pero como un observador activo, no como un implicado con riesgo a caer en su drama.

LA TAREA

◇ Cuando estés acompañando a alguien inmerso en un drama determinado, observa cómo te sientes. Enfócate en mantener tu centro. El Capítulo 16, en el que hablo de cómo protegernos, también te servirá de guía.

◇ Escucha y acompaña a la persona que está en necesidad con apertura y serenidad, pero evita involucrar tus emociones en el proceso. Cuando sientas que tu cuerpo se cansa, hay algún tipo de malestar o comiences a sentir lo mismo que el otro siente, vuelve la atención a ti, respira y recuerda tu decisión de asistirlo, pero sin perderte.

◇ En la medida en que puedas incorporarlo como una manera activa y sana de acompañar a quienes necesitan ayuda, podrás ver que no solamente tu ayuda es más efectiva, sino que las personas que realmente quieren salir de su pozo te buscarán mientras que comenzarás a pasar inadvertido para quienes solo quieren alimentar su dolor. Cuando compartimos nuestra energía sin mezclarla, producimos un brillo poderoso que el alma de las personas en conflicto deseosas de salir de él saben identificar.

18

Una disciplina posible

En las rutinas diarias es necesario mantener una disciplina para seguir conectados con nuestro GPS. Nos sucederá que muchas veces no le hemos prestado atención porque no estamos familiarizados con su mensaje o porque nos entretenemos fácilmente en lo externo. Y bajamos al corazón recién cuando es el caos lo que nos dice que no podemos seguir allí.

Si queremos instalar un hábito es necesario que sea uno que nos funcione a nosotros. Hay unos mejores que otros, pero siempre habrá uno que es realmente posible, aunque no sea el ideal. Lo más importante para lograr resultados no es tanto lo que hagamos, sino que lo hagamos cada día.

Me encuentro con personas que se frustran porque no pueden meditar como lo aprendieron, y entonces, ahora tienen que lidiar con el estrés que ya sentían, razón que los lleva a buscar en la meditación una manera de sentirse mejor, y sumarle la frustración de no poder hacerlo. Es decir, tratando de buscar una solución, multiplicaron su problema.

Durante muchos años fui uno más de la lista de personas que hacen un contrato anual con el gimnasio y van unos pocos días del mes, hasta que abandonan. Y todavía más increíble resulta pensar que ante esta evidencia, igualmente el próximo año volvía a renovar el contrato por doce meses más. Me prometía, me creía, me desilusionaba... y aun así volvía a creer en un imposible. Hasta que asistí a una clase de pilates. A pesar de no entender muy bien en qué consistía, finalicé la hora de práctica con buena disposición y me anoté para una segunda. Cuando desperté al día siguiente y recordé que regresaría, la alegría fue natural y la motivación, espontánea. No necesitaba convencerme para regresar, y desde ese día lo practico regularmente.

Esta es una reflexión necesaria cuando nos sentimos desmotivados ante un hábito. Revisar si realmente estamos eligiendo hacerlo o alguien más lo ha elegido por nosotros. Sucede que tratamos de hacer lo que corresponde de acuerdo a nuestra edad, a nuestro género, a lo que está bien según lo que hemos aprendido o validado, pero si la felicidad no nos acompaña, deberíamos cuestionar la certeza de que eso es lo que queremos hacer. Porque lo natural es que si lo queremos, la motivación sea una consecuencia inmediata.

Entonces, encontrar una manera posible y duradera de sostener la conexión con nuestro GPS debe pasar por el filtro de lo que nos hace felices. Eso que nos hace felices será lo que, sin dudas, tendremos ganas de hacer, no abandonaremos porque estaremos comprometidos y, sobre todo, lo que nos llevará a cumplir nuestro propósito de no alejarnos de nosotros mismos.

LA TAREA

◇ El propósito es sumar a nuestras actividades cotidianas un hábito que nos permita renovar el contacto con nuestro corazón. Un momento de conexión, para elevar nuestra energía a los dos estados donde las señales del GPS no tienen distorsión: el gozo y la paz interior.

◇ Esta práctica no necesita que hagas algo diferente, ni aprendas algo nuevo si no lo deseas. Puedes preguntarte: «De lo que hago, ¿qué es lo que más feliz me hace?» Y si no encuentras una respuesta, porque las obligaciones han postergado tus prioridades, vale preguntarte sobre lo que realmente te gustaría hacer si tuvieras tiempo libre. Descubrirás que, aun cuando hayas pasado tiempo sin hacerlo, hay algo que siempre te ha llamado la atención en algún momento. Ya sea un deporte, un *hobby* o un trabajo que incluso no sea por el que nos ganamos la vida, sino el que hacemos porque nos gusta. La pregunta persigue un dato esencial: aquello que goces haciéndolo. Porque ese es el estado que buscamos reforzar.

◇ A veces, pensamos que debemos tener una práctica espiritual específica, pero sucede que muchas veces luego de cumplirla no notamos la diferencia, porque nada nutrirá más al alma que obedecerla en aquello que le permite experimentar su creatividad, su libertad y su poder. Sin dudas hay muchas disciplinas espirituales que nos permitirán alcanzarla, pero que sea nuestro corazón quien lo decida. Para algunas personas, el solo hecho de cocinar o desarrollar alguna actividad deportiva o artística les permitirá alcanzar esa conexión.

◇ En mi caso, caminar es el hábito que me permite recobrar ese estado de gracia, donde puedo reconectarme conmigo en el sentido más profundo. No importa dónde esté, siempre encuentro un espacio para hacer una caminata, aunque sea en el pasillo de un hotel si estuviera en un lugar donde no tuviera un espacio externo para hacerlo. Y cuando tengo que tomar decisiones, comenzar proyectos o tareas para hacer, las programo para después de una caminata, así me aseguro de estar en equilibrio para que no haya distorsiones en el mensaje que el GPS me ofrezca al revisar lo que está ocurriendo.

◇ Otra de mis prácticas es la que llamé «2x2». Cada dos horas, me detengo dos minutos para observarme, volver la atención a mí para no perderme en lo externo, respirar profundo y elegir de qué manera quiero vivir las dos horas que siguen. Esta disciplina me permite no malgastar mi energía y estar en conexión con mi GPS para que, sin importar el desafío, pueda decidir lo más sabiamente posible. Cuando me encuentro con personas que me explican que no encuentran el tiempo para hacerlo, les recuerdo que ya lo tienen. Varias veces al día, detenemos nuestras actividades y vamos al baño. Es un espacio que nos separa del mundo con una puerta y donde podemos conscientemente dedicarnos un momento. Si nos disponemos a dejar de lado nuestro teléfono y usar esos minutos para revisar cómo nos sentimos, podremos estar más atentos a cómo transitar lo que nos espera al salir otra vez a nuestra realidad.

19

Agradecer como punto de partida

Pensamos que el agradecimiento es solamente una consecuencia de algo recibido, prometido o conseguido. Que decir «gracias» es la conclusión. Pero agradecer también puede ser un principio, el inicio de algo nuevo, el punto de partida para lo que queremos crear. Cuando agradecemos, la energía que sostenemos puede ser la causante de una nueva oportunidad. Al agradecer, se alinean nuestras mejores emociones, como la alegría, la satisfacción o la confianza, con nuestros pensamientos, esos que nos dan una idea clara de lo que estamos agradeciendo. Si agradezco un momento determinado, me sentiré alegre, pleno, y esa plenitud alineada con mis pensamientos estará creando desde la energía más fértil una situación similar, usando todo mi potencial para que eso ocurra.

Es por esto que cuando alguien me dice: «¿Cómo puedo agradecer lo que aún no ha ocurrido?» o «¿Cómo agradecer con lo enojado que estoy?», le respondo que, justamente, agradecer es la tarea. Agradecer limpia el terreno mental y emocional para que lo agradecido pueda tener un lugar entre nosotros. Y luego, manifestarse en el mundo material.

Claro está que agradecer es una actitud, no el solo hecho de decir «gracias». Para eso debemos ir reeducando la manera en que nos referimos a lo que nuestro corazón desea pero aún no forma parte de nuestra realidad inmediata. Observar si los pensamientos se van hacia la queja, para elegir enfocarlos en la gratitud. Detenernos cuando enfoquemos en lo que no hay, para reconocer lo que sí está sucediendo. Cuidar lo que especulamos hacia el futuro, poniendo atención a la mejor historia que nos podamos contar. Y, sobre todo, confiar en el proceso de la vida. Recordar que podemos controlar de muchas maneras cómo vamos a construir eso que deseamos, pero que la vida también conoce otras maneras, esas que para nosotros pueden ser imposibles. Y confiar. De hecho, un corazón agradecido necesita de la confianza.

El agradecimiento, de alguna manera, alivia nuestras inseguridades y les quita fuerzas a las ilusiones que nacen de los miedos, para dejarnos ver más allá.

Agradecer ante lo desfavorable, nos permite confiar en que más adelante encontraremos circunstancias a favor. Agradecer por lo que aún no vemos, despeja las dudas y nos permite sentir lo que no podemos tocar, pero que está en camino.

LA TAREA

◇ Convierte el agradecimiento en una tarea cotidiana, sin importar lo que vayas a agradecer, pero poniendo atención en la tarea en sí. El verdadero regocijo que produce es independiente de lo que estemos agradeciendo. Es, en realidad, la actitud del corazón agradecido lo que queremos desarrollar.

◇ Puedes establecer la rutina de agradecer lo sucedido en el día y agradecer lo que el día siguiente traerá. O hacerlo por la mañana, al levantarte. Más allá de la hora, es importante que establezcas una rutina para que instales entre tus hábitos el de agradecer.

◇ Cuando tengas un pensamiento en pleno desarrollo y trabajes para concretarlo, incluye el agradecimiento a ese plan. Cierra los ojos, y agradece lo que sea que estés viviendo en tu interior en ese momento. Sin manipular, solo con la actitud de observar y agradecer lo que puedes imaginar.

◇ Si agradeces algo que no es tuyo, cuida de no caer en la comparación. Sucede que al mostrarte agradecido por lo que a otra persona le está sucediendo, si eso se parece a lo que también quieres, puede que sutilmente te estés diciendo «pero yo aún no lo tengo» o «a mí no me sucede». Es una fina línea donde los miedos pueden colarse. Para eso está tu GPS. Si agradeces honestamente, es inevitable que experimentes gozo. Si hay alguna sensación contraria, revisa si tu agradecimiento no es una manera de camuflar la inseguridad. En ese caso, respira y agradece la experiencia por dejarte ver tus miedos. Y lleva nuevamente tu atención a lo que estás agradeciendo.

20

Bendecir con el corazón

¿Cómo Dios estaría viendo esto? En esa respuesta encontraremos el verdadero sentido al acto de bendecir. Cuando bendecimos, estamos corrigiendo nuestra limitada visión humana para elevarla a una donde podamos trascender nuestro egoísmo y observar con los ojos del alma.

Al igual que el agradecimiento, la bendición es uno de los actos de mayor impacto que nace de nuestro corazón y lo mantiene activo. Si me encuentro con alguien que está atravesando una enfermedad, al bendecirlo me estoy elevando por sobre la opinión de mi personalidad, que lo ve y lo reconoce enfermo, y que pone la mayor parte de su atención en la enfermedad e incluso puede desear que se sane pero no puede ver a esa persona gozando de plena salud, porque lo que sus sentidos le muestran le dan fuerza a su percepción.

En cambio, cuando me dispongo a bendecir con el corazón, desafío todas las historias que me cuento en ese momento y me permito una visión corregida de lo que veo. Seguramente por eso cuando queremos ofrecer una bendición, espontáneamente cerramos los ojos o elevamos la mirada al cielo para no tentarnos a creer en lo que vemos para darle lugar a lo que el corazón nos muestra.

Bendecir es un acto que requiere voluntad y una clara intención de ver lo mejor cuando esto no se hace evidente. Para lograrlo, quizás lo más importante será enfocarnos en nuestros pensamientos y nuestro corazón antes de que en lo que vamos a bendecir. Observar lo que pensamos y cómo nos sentimos con eso que vamos a bendecir.

Es posible que los resultados no sean inmediatos o puede que no haya resultados de acuerdo a nuestras expectativas. Primero, porque no tenemos el control del destino de los demás, y segundo porque quien recibe la bendición no siempre está en consonancia con lo que recibe. Tenemos el poder de ofrecer una bendición que impacte la energía de la otra persona, pero ese impacto no depende de nosotros. Hay una línea de libre albedrío que no podemos cruzar, aunque estaremos dejando la huella de una nueva posibilidad en esa persona o esa situación.

Al bendecirla con el corazón, nos hacemos testigos de lo que queremos ver, no de lo que vemos. No ignoramos lo que sucede, simplemente reconocemos que hay una verdad mayor que estamos dispuestos a sostener.

El primer beneficio de la bendición siempre será para quien bendice. Es un momento en el que nos estamos permitiendo ver más allá, trascendiendo nuestra corta visión humana y dejando que el corazón obre. Y esa experiencia fortalece la relación con nuestro corazón, por lo que nos suma desde el momento en que lo hacemos. Nos daremos cuenta porque la sensación de paz y de gozo no podrá confundirnos.

Una ley universal se hará evidente cada vez que ofrezcamos una bendición con el corazón: dando es como recibimos.

LA TAREA

◇ Cuando haya una situación desfavorable o una persona en una situación de desventaja o necesidad, ya sea física o emocional, escucha lo que tu personalidad tiene para decirte. Si no la escuchas, tratará de colar su opinión en el momento menos esperado. Por eso, hazte consciente de los juicios, miedos y especulaciones que tienes.

◇ Respira, cierra los ojos y vuelve la atención a ti. Baja a tu corazón mientras dejas que esos pensamientos vayan perdiendo fuerzas.

◇ Pregúntate: «¿Cuál sería la visión de Dios si estuviera viendo esto o a esta persona?», «¿Cómo sería la resolución que Dios imaginaría sobre este conflicto?»

◇ Deja que las respuestas aparezcan y dales la bienvenida. No intervengas, porque es posible que las cuestiones y regreses a tu pensamiento limitado. Obsérvalas con agradecimiento.

◇ Si es posible, regresa la mirada a la situación o a la persona y sostén esa visión. Puedes pronunciarlas con tu voz, haciéndolas parte de una conversación, o simplemente relatarlas en silencio, en tu interior.

◇ No es necesario hacerlo frente a la persona o la situación en particular. Recuerda que estamos corrigiendo nuestra visión y no trabajando sobre lo que tenemos enfrente. Esa persona o esa situación recibirá nuestra bendición, nuestra visión corregida de la realidad, como un regalo. Pero su presencia no es lo más importante, sino nuestra corrección. Si algo necesita un enfermo, es que alguien se anime a verlo sano. Y ver la alegría detrás del rostro del que está triste, así como la abundancia en quien se cree pobre. Ese es el desafío.

21

Adictos al sufrimiento

Escribí en un artículo que el miedo es cosa del pasado y el sufrimiento, una adicción de la que tenemos que salir. Las reacciones fueron muchas, sobre todo las de los defensores del drama cotidiano, aquellos que a cada cosa le encuentran una razón para crear una historia mayor y más compleja. Y a eso justamente me refería, a que a esta altura de la evolución, los seres humanos ya podemos elegir una mejor manera de vivir.

Las adicciones parecen ser tantas como elementos tóxicos hay, desde drogas y alimentos hasta emociones y pensamientos, que por ser invisibles parecen pasar desapercibidos, pero me resulta claro ver cómo algunas personas que no tienen una adicción evidente, porque no consumen drogas, no toman alcohol, no fuman y sus dietas son sanas, tienen una adicción a la preocupación, al juicio sobre otros y hasta al boicot personal. Toda acción o actitud que nos reste a nuestra vida y que nos cueste dejar de practicarla es una adicción. Y reconocerla como tal es el primer paso para poder transformarla.

Toda adicción, más allá de la forma en que se manifieste, está sostenida en una acción que me hace daño y no puedo dejar de hacer. Se entiende que no pueda cuando no soy consciente de ella, pero nos resulta difícil entender a alguien que sabiendo que se hace daño y daña su entorno, no pueda dejar de hacerlo.

Por eso, reconocer nuestras adicciones requiere un profundo trabajo interior, ya que en lo superficial no podemos notarlas con facilidad, o las justificamos con falsas necesidades. Por ejemplo, hay adictos al alcohol que no se reconocen como tales porque, según su punto de vista, beben para relajarse. O adictos a la preocupación que se escudan en un alto sentido de la responsabilidad, usando la preocupación como un argumento positivo, aun cuando no se sienten bien ni logran un resultado provechoso. Al final, las dinámicas de las adicciones se mezclan tanto con nuestros valores que perdemos de vista lo que nos hace daño, y seguimos haciéndolo.

Me he dado cuenta de que detrás de las adicciones más conocidas, se revela una adicción que todos, en mayor o menor medida, tenemos o hemos tenido: la idea de no ser amados. De alguna manera, la herida que deja la falta de amor, que es nuestro nutriente esencial, hace que salgamos a remediar, esconder, compensar o disimular esa herida para evitar sentir ese dolor. Pero ya sabemos cómo actúa el miedo y sus ilusiones: creyendo que estaremos mejor, cada vez estamos más inmersos en él.

Atender esta adicción nos devuelve el poder por dos razones. La primera porque dejamos de invertir nuestra energía en falsas promesas. Dejamos de perderla. Y la segunda porque nos acerca a nuestro corazón. Si no atendemos esta adicción no estaremos en paz, y si no hay paz, las señales de nuestro GPS no serán recibidas, por más deseosos que estemos de escucharlas. Podemos haber cultivado una vida sana, pero para estar en paz deberemos atender este errado pensamiento.

LA TAREA

◇ Si bien el pensamiento de «carecer de amor» o estar desconectados de él es la base de la mayoría de las adicciones, trabajaremos sobre la manera en que la adicción se manifiesta en nuestra vida. Necesitaremos ser más observadores en lo cotidiano. Como siempre, el cuerpo y las emociones nos guiarán con más honestidad que nuestros pensamientos.

◇ Recorramos nuestro día a día y tengamos en cuenta los momentos de malestar. Pongamos atención en lo que estábamos haciendo en ese momento. Veamos la dinámica que tiene. Sumerjámonos en el miedo sabiendo que estamos yendo al rescate para resurgir, no para quedarnos asfixiados en el fondo. Estudiémoslo con el interés que nos produce reconocer algo nuevo y que nos abrirá las puertas de salida de una situación.

◇ Una vez que podamos hacer una revisión detallada durante varios días, descubriremos un hilo en común, tanto en lo que sentimos como en lo que hacemos. Esto nos irá dando los datos que necesitamos para entender de qué se trata y darle un nombre. En mi caso, si bien no consideraba tener un problema con la alimentación, me daba cuenta de que en los momentos de angustia terminaba buscando comida. Cuando me daba cuenta estaba parado frente al refrigerador, cuando estaba en casa, o buscando algo para comer en cualquier otro lugar. Esta adicción no lucía tan peligrosa, pero desde el momento en que no atendía la angustia, que de manera silenciosa me decía que yo no era suficiente para poder lidiar con determinada situación, dejando ver la razón primera que es sentirme desconectado del amor propio, desde ese instante entraba en un túnel de angustia que crecía cada vez más. Me preocupaba, me angustiaba, comía, me angustiaba más, sentía culpa de haber comido… hasta que finalmente comencé a hacerme consciente del primer pensamiento, que fue sentirme incapaz ante esa primera situación.

◇ Evitemos todo juicio hacia nosotros mismos. Estamos en proceso de sanación, de ser más libres, pero esto no nos pone en un lugar de víctimas ni de culpa, dos argumentos favoritos de nuestra personalidad que no tardarán en aparecer cuando hacemos este tipo de revisiones.

◇ Cuando vuelva a actuar la adicción, en ese momento en que la emoción nos hace saber que estamos saliéndonos de nuestro espacio de paz, detengámonos, respiremos y preguntémonos: «¿Qué es lo que realmente necesito?». No nos quedemos con la primera respuesta ni hagamos la pregunta solo una vez. Por unos días, y especialmente cuando aparezca el síntoma de la adicción, nos detendremos y respiraremos profundo, haciéndonos esta pregunta que nos abrirá a la verdad de lo que realmente estamos necesitando. Podemos escribir un diario de esos pensamientos. Puede que no sean necesidades reales, pero sí una idea que no hemos resuelto y debemos atender.

◇ Tomemos acciones concretas que compensen esa necesidad. Si lo que necesitamos es atención, busquemos la manera en que nos gustaría ser atendidos y hagámoslo.

Entiendo que no estamos acostumbrados a darnos lo que necesitamos y la primera reacción es buscarlo de otra persona o en algún lugar. Pero esa idea nos ha llevado a la adicción. Por eso, concentraremos la atención en nosotros, comenzando a darnos lo que esperábamos recibir. Revisaremos si nosotros estamos aprobándonos en eso que esperamos aprobación de los demás, si nos estamos dedicando el tiempo que esperamos que los demás nos den o si nos estamos escuchando, cuando insistimos en que los demás nos escuchen.

◇ Muchas de nuestras heridas vienen de los primeros años de la infancia, pero debemos darnos cuenta de que ya no podemos recibir de la manera en que esperábamos. Aún me encuentro con «niños» de 50 años deseando la aprobación paterna y que compensaron esa necesidad insatisfecha castigándose con una vida de escasez; u otras que se niegan a una vida en pareja y se vuelven adictas al trabajo postergándose a compartir sus vidas, por el sufrimiento de un abandono de hace muchos años atrás. Toda decisión de sanación debe involucrar dos elementos esenciales si queremos que funcione: a nosotros y al momento presente. Si sanar depende de otros y de algún evento pasado o futuro, no haremos más que planear una sanación que nunca ocurrirá.

22

La fe que hace visible lo invisible

Una de las características de una persona que vive en consonancia con su alma, es la fe. Pero, ¿en qué se basa su fe?

He compartido con muchas personas que me contaban de su fe en Dios, mientras seguían con una queja por las situaciones que vivían, lo difícil que les resultaba sostener su economía o sus relaciones.

Era evidente que la fe en Dios era un recurso que habían encontrado para pensar que eventualmente, alguien a quien llamaban Dios vendría a solucionar desde donde estuviera sus problemas. Y una manera de quedarse con los brazos cruzados, o haciendo lo que siempre hicieron, sin animarse a confiar en ellos mismos, sin poder reconocer que Dios les había dado todos los dones para poder hacer y deshacer en sus vidas, incluso la libertad de usar esos dones a discreción, o no usarlos, sabiendo que siempre habría una situación que los alertaría cuando estuvieran abandonándose a sí mismos. Les dio todo.

Usualmente, nuestra fe es tan limitada como limitados nos vemos a nosotros mismos. Jesús enfrentaba los desafíos que se le presentaban y los llevaba al punto de los milagros porque no había un atisbo de duda en él. Como «hijo», contaba con todos los recursos internos de su «padre» para cambiar su realidad. La fe se sostenía en reconocer en él mismo el poder que había recibido.

En cambio, desde nuestra personalidad solemos vernos limitados por la percepción que tenemos de nosotros mismos. Sostenemos una cantidad de ideas de lo que no somos, que en el momento de confiar, no podemos contar con nosotros, porque nuestra personalidad no nos deja ir más allá y nos quedamos con una versión diminuta de quienes realmente somos. Aparecen los «pero…» y de a poco vamos perdiendo la fe en nuestra potencialidad.

Debo decir que si yo no hubiera confiado en mi verdad, en la certeza espiritual de ser parte de un poder superior que nos ha creado semejantes, seguramente no me hubiera permitido hacer cambios arriesgados en mi camino. Es mucho lo que desconocemos de nuestro poder interno.

Pero si ante cada dificultad cultivamos una fe verdadera, nos vamos expandiendo y dejando que el impulso de nuestra alma cobre cada vez más fuerza. Mientras más desafiamos la idea de quienes creemos ser para dejarnos guiar por lo que nuestra alma nos muestra, más rápido iremos soltando miedos y todo lo que ellos hayan usado para sostenerse. Es decir, a mayores desafíos, mayor posibilidad de ir vaciándonos de lo que no somos para asumir nuestro poder. Y en ese proceso la fe es el combustible que nos va moviendo.

Quizás hemos escuchado la frase: «Podemos tener todo lo que queremos». Cuando la comento, siempre despierta polémica. Y creo que es así, pero no necesariamente en la manera en que la hemos entendido.

No podemos tenerlo todo, todo. Es inevitable que al elegir algo, debamos descartar otra opción. Tampoco podemos tener todo lo que queremos desde el deseo más básico de nuestra personalidad. Muchas de las cosas que queremos, solamente las buscamos para distraernos de algún miedo. Porque si logramos tener eso que queremos, eventualmente nos sentiremos mejor, más seguros, más importantes o algo más, eso que nos falta para sentirnos valiosos.

Desde este punto de vista no podemos tener todo lo que queremos. Es más, es muy posible que no lo tengamos, porque solamente bajo un gran esfuerzo el miedo puede llegar a concretar algo.

Pero estoy seguro de que todos podemos tener lo que el alma nos muestra a través de lo que soñamos y nos apasiona, que incluye cosas materiales, pero que realmente son experiencias.

Eso que soñamos y que al soñarlo nos hace sentir plenos, que despierta nuestro gozo interno y nos impulsa a tomar acción con certeza y serenidad, eso no solo es posible, sino que es inevitable. Estoy convencido de que lo que hemos determinado desde el alma es una orden a cumplir en nuestra vida, estemos de acuerdo o no, atentos o desatentos.

Lo que el alma ha diseñado es un mandato a cumplir. Un diseño que nosotros mismos hemos creado. Somos la conciencia detrás de esa alma encarnada. Es decir que nadie lo deseó para nosotros. Sino que nosotros, en una conciencia menos entretenida que está mezclada con la personalidad, supimos elegir un destino para experimentar aquí en la Tierra. Ese destino que se nos revela en forma de sueños. Eso que deseamos con el corazón es un recuerdo de lo que decidimos en el plano invisible y que nos comprometimos a desarrollar. Por eso lo soñamos y por eso sentimos gozo de solo pensarlo, para que sea inevitable prestarle atención. Solo el momento en que decidamos ponernos en marcha para crearlo está en nuestras manos. El resto está dado.

Y este proceso de pasar de lo invisible a lo visible se sostiene en la fe. En el conocimiento sincero de quiénes somos, de lo que queremos en consonancia con el alma y de nuestro potencial para manifestarlo. La fe es ausencia absoluta de miedo. Es decir, una mente sin distorsiones. ¿Dónde quedan los miedos si sabemos que estamos transitando un camino guiados por el alma que es el amor mismo?

~~~~~~~~~~~~~~~~~~~~

LA TAREA

~~~~~~~~~~~~~~~~~~~~

◇ Quizás, la idea que hemos ido construyendo de éxito, más relacionada a lo externo, lo mucho, lo alto, lo grande… algo que aumente el tamaño de nuestra personalidad ha hecho que busquemos lo que deberíamos tener de acuerdo a lo que queremos ser. Y la fe no puede fortalecerse en una mariposa que desea ser un pájaro. Por eso, es necesario revisar cuál es nuestra idea de éxito y acercarnos a una que incluya nuestra esencia, donde lo que busquemos como meta, a través de lo que deseamos o donde deseemos poner nuestra energía creativa, sea un reflejo de nuestros dones.

◇ Esta es una meditación para activar la conexión con tu alma y su potencialidad:

En un lugar que invite a la calma, encuentra un espacio para ti. Puedes permanecer de pie, sentado o acostado. La posición no es importante, pero sí que estés cómodo para evitar cualquier distracción del cuerpo. Cierra los ojos. Lleva la atención a la respiración y suavízala, haciendo que las respiraciones sean profundas pero delicadas. Imagina que cada inhalación y exhalación son caricias que el aire le da a tu cuerpo. Hazlo por unos minutos hasta que todo tu cuerpo se serene, dejando de estar alerta al entorno para entrar en un delicado estado de disfrute.

Luego, mueve la atención a tu pecho e identifica un leve movimiento que ocurre aunque el cuerpo está quieto. Un ondular que puedes sentir, de una energía invisible que sigue en movimiento en tu cuerpo en descanso. Quédate un momento disfrutando de esa sensación.

Mueve la atención al resto del cuerpo identificando esta misma sensación. La sentirás con más facilidad en el área del estómago y en la cabeza. Pero mientras más familiar te vuelvas con la meditación, podrás sentir este movimiento suave en todo el cuerpo.

Detente en las manos y pon atención a esa energía que se siente más grande que tu cuerpo. Sentirás un cuerpo más grande que el cuerpo físico. Tendrás la sensación de llevar unos «guantes invisibles», o de tener una máscara de energía sobre tu rostro, si pones atención en la cara.

Permítete experimentar esta energía y todas las sensaciones que se presenten. Así nuestros sentidos van haciendo evidente la presencia de nuestra alma, o esa energía más pura que también somos.

Para concluir la meditación, simplemente regresa con suavidad la atención a la respiración por un par de minutos, hasta volver a conectarte con el entorno, con la sensación del lugar donde estás, los olores, los sonidos, para finalmente abrir los ojos.

Antes de abrirlos, puedes comprometerte que al hacerlo comenzarás a ver la realidad con los ojos de tu alma. Al afirmarlo, irás tomando conciencia de tu compromiso a estar atento para dejar que tu personalidad reconozca la presencia del alma.

23

Reverencia

Recuerdo una escena de la película *Avatar*, donde uno de los personajes sacrifica a un animal para evitar un daño mayor, pero antes le pide permiso a su alma y le ofrece unas palabras a manera de bendición. Si lo viéramos desde el lado humano, lo que ocurre iría en contra de la vida. Pero cuando lo vemos desde el alma, podemos reconocer el proceso de la vida incluso cuando la muerte esté involucrada.

Este es un caso extremo, pero que nos ayuda a ver cómo la reverencia debe estar presente en toda experiencia, incluyendo las más complejas y especialmente en aquellas en las que no podamos entender cómo o por qué se manifiestan de esa manera.

Cuando observamos el mundo animal, podemos encontrar cómo esta forma sublime de respeto ocurre de manera espontánea. Aunque muchas veces humanicemos esa percepción y veamos injusticia, cuando por ejemplo el más grande come al más pequeño, si lo observamos en silencio y con el corazón despierto, con reverencia a cómo obra la vida, comenzaremos a ver la belleza en eso que ocurre.

Nuestros valores humanos, en estos días, han postergado esta actitud de reverencia ante la vida. Un poco nublados por el miedo, aún vemos el vivir como un juego donde somos ganadores o perdedores, atacamos o nos atacan, y de alguna manera para sobrevivir tenemos que defendernos de los demás, cuando en realidad el cultivo de nuestra fuerza interna nos permitiría ocupar nuestro lugar en este juego, siempre en armonía con nuestro entorno.

Cuando nos enfocamos en recibir y no en compartir, dejamos en evidencia nuestra actitud de irreverencia. Es común verla no solamente en los negocios o en la política, donde quizás sea más obvia la ausencia de este sentido profundo de respeto, sino también en la educación, en las relaciones familiares y hasta con nuestras parejas. Con cierta inconsciencia, nos hemos convertido en una sociedad de seres humanos que utilizan a otros para un beneficio propio, ya sea económico, emocional o de alguna agenda propia. El resultado es la arrogancia, las muchas formas de violencia y, lo más importante, la constante búsqueda de algo que ya está en nosotros: la paz interior.

Este respeto a la vida y sus procesos, con reverencia, implica dejar de vernos solamente desde nuestra personalidad, para abrirnos a la visión del corazón. Es aquí donde nuestro trabajo interior se vuelve indispensable. Porque en los demás solo reflejaremos la relación con nosotros mismos. Es decir que lo que no pueda ver en mí, no lo podré encontrar en los demás. Si no cultivo el respeto, esperarlo de parte de los demás es una ilusión que siempre terminará, como toda ilusión, en frustración y enojo.

Me encuentro con muchas personas que quizás no están tan despiertas como para ver sus vidas con profundidad, pero que tienen un corazón noble, reverente ante la vida, que no pensarían en hacer daño ni en hacerse daño. Con ellos puedo darme cuenta de que no es necesario un desarrollo intelectual ni una preparación especial para llegar a este nivel de respeto. Que con la actitud ya damos un gran paso, porque después de ella es natural que nuestras acciones se vayan alineando.

Justamente, el intelecto puede jugarnos una mala pasada, porque en su versión del respeto hay juicio. El respeto desde la mente es selectivo, ya que hay cosas que puedo respetar con facilidad, las que admiro o cumplen mis expectativas, y otras que no merecen respeto, las opuestas. Cuando me refiero a la reverencia, no estoy hablando de esta actitud que es limitada por nuestra personalidad. Me refiero a una actitud sagrada porque involucra al corazón, donde lejos de todo juicio, hay aceptación.

La aceptación es el recurso del corazón que aliviana todo lo que percibimos doloroso desde la personalidad. Aceptar no tiene tanta relación con lo aceptado como con nosotros mismos. No es estar de acuerdo con lo que ocurre, porque si lo hiciéramos solo para negociar un punto de vista, nos quedaríamos con cierta incomodidad en el corazón. Nuestro trabajo individual en la aceptación es renunciar a seguir pensando que las cosas deberían ser como las imaginábamos o los demás como queremos que sean o como nos gustaría que hubieran sido.

Reconocer que la razón por la que algo me enoja no es por cómo se manifiesta, sino porque no coincide con mi visión, con lo esperado, hace que este acto de amor se convierta en una responsabilidad individual. Eso permite que la paz esté bajo mi poder. Y ese es el mayor regalo que puedo darme.

~~~~~~~~~~~~~~
LA TAREA
~~~~~~~~~~~~~~

◇ Desarrollar este profundo respeto por la vida requiere, antes que todo, replantearnos nuestras percepciones. Si seguimos considerando que lo que vivimos es tal como lo percibimos, este respeto puede convertirse en una actuación y no en una acción verdadera y transformadora. Esto requiere de voluntad, porque al principio las resistencias de lo que nosotros consideramos verdadero nos distraerán, pero también humildad, para reconocer que además de nuestra manera de ver una situación, también hay otras. Y esas otras no solamente son de otras personas, sino también son nuestras, son del alma, pero como no están identificadas con la personalidad las sentimos ajenas. En estos casos, la humildad irá haciendo el trabajo de bajar las defensas. Para dar este paso, ya sabemos que nuestro GPS será la guía. Cuando algo no se sienta en paz, es que nos hemos apartado de una actitud reverente ante la vida y aparecerá el dolor, de las muchas maneras que se manifiesta, desde la ira a la tristeza.

◇ Para despertar esta actitud en nosotros, es necesaria la aceptación. Eso que duele, y de lo que en algún punto hemos perdido la actitud de reverencia, nos invita a aceptarlo tal como es. La aceptación comienza en la mente y termina en el corazón. Es en nuestro pensamiento donde debemos intervenir al principio, renunciando a seguir alimentando la idea de que esa situación o esa persona deberían ser diferentes. Es un trabajo sencillo, pero que, como dije antes, necesita de voluntad y humildad. Cuando volvamos a especular con que lo que está siendo debería ser de otra manera, a mi manera, respiro y me detengo. Nuestra firme decisión de dejar de hacerlo no demorará en hacer que este paso sea efectivo.

◇ Otra manera de elevar y sostener la reverencia es ofrecer una actitud de servicio en lo que hagamos. Ya sea en la forma de comunicarnos, en la manera en que hacemos nuestro trabajo y hasta en lo que pensamos de los demás. De alguna manera, incluir al otro en la experiencia preguntándome: «¿Cómo puedo serle útil?», «¿Qué es lo que esa persona realmente necesita?». Cuando no tenemos reverencia, solemos tener toda la atención sobre nosotros y descuidamos el entorno. Pero si estamos atentos a tener una actitud abierta, dispuesta a servir, la humildad siempre encontrará un lugar y la reverencia hacia la vida en esa persona será una consecuencia natural.

24

Anticiparnos en la línea de tiempo

Una de las ilusiones de los cinco sentidos es el tiempo. Más allá del uso horario convencional, donde el reloj marca las tres cuando son las tres en nuestro huso horario, el tiempo como elemento es variable. A veces, sentimos que las horas no pasan, y otras, que pasan demasiado rápido. Incluso, sentimos que ya estamos viviendo una situación cuando en realidad esta aún no ha ocurrido, o la revivimos con tanta exactitud que podríamos pensar que regresamos a ese momento.

Nuestra percepción del tiempo desde la personalidad está determinada por el reloj y eso hace que nuestros días tengan la meta de llegar, alcanzar y cumplir con su exactitud o culparnos por no hacerlo. Eso nos ha alejado de muchos detalles cotidianos, pero especialmente de poder estar en un contacto íntimo con nosotros, con lo que sentimos y con las experiencias internas, dando paso a que la ansiedad y la frustración sean una constante.

Hay una necesidad de estar siempre en movimiento, de ir a otro lugar que no sea donde estamos, de enfocarnos en el hacer para ganar tiempo y descuidar los placeres que cada instante nos trae y, sobre todo, ser más efectivos, tratando de hacer más en menos tiempo.

Es algo común que cada vez menos personas vean un programa de televisión completo sin haber cambiado de canal, o puedan seguir un video en YouTube sin evitar la tentación de adelantarlo, aun cuando les guste. Corremos detrás del tiempo y esto nos ha vuelto esclavos de él. Pero puede haber una mejor manera de hacer uso del tiempo si en lugar de dejar dominarnos, lo usamos a nuestro favor.

Investigaciones que se han realizado en el marco de la física cuántica, concluyen que la conciencia existe fuera del espacio y el tiempo, lo que le da una explicación racional a la existencia del alma. Los postulados básicos de la ciencia de la mecánica cuántica, por ejemplo, muestran que una cierta partícula puede estar presente en cualquier lugar, no identificado por nosotros, y que un evento puede ocurrir al mismo tiempo de incontables maneras. Es decir, que además de estar en nuestro cuerpo, podríamos estar energéticamente en otros espacios al mismo tiempo.

No es mi intención teorizar sobre este tema, ya que hay mucho material en otros libros e investigaciones disponibles en Internet sobre estos descubrimientos. Usaremos la experiencia de la variabilidad del tiempo de una manera sencilla, práctica y útil para sumar en nuestro transitar cotidiano.

Lo que visualizamos como un evento futuro, aquello que queremos experimentar, ya está ocurriendo en uno de los tantos planos de la energía existentes. Se dice, incluso, que cuando pensamos accedemos a pensamientos que están en una frecuencia similar a la nuestra y los interpretamos con nuestra conciencia, pero no hay pensamientos originales como tales, sino un constante reciclaje de energía que ya existía. Es decir que nada sería tan novedoso como creíamos.

Así es que eso que queremos crear, como ya tiene una existencia que no es visible pero es perceptible, podemos «visitarlo» en ese espacio energético para ir tomando contacto con esa experiencia que eventualmente se revelará en este plano material. No es necesario que creamos en este proceso, podemos hacerlo como un juego, que igualmente funcionará.

En mi caso, todavía recuerdo haber caminado por las calles de Nueva York sin haberlas conocido físicamente, sin haber estado en cuerpo físico. Incluso, si recurrimos a nuestra memoria, podremos relacionar momentos presentes que sean significativos con momentos de imaginación o aparentes fantasías que hayamos tenido en algún tiempo anterior.

Justamente, la imaginación es un recurso energético para alimentar lo que queremos crear. Cuando un niño está imaginando, solemos decirle que son solo fantasías y que el mundo real es otro. Y cuando alguien maduro lo hace, lo reprendemos pidiéndole que ponga los pies sobre la Tierra. Es cierto, no estamos tan equivocados en pedirle eso, porque en ese momento su conciencia no está sobre la Tierra. El error quizás sea reprenderlo, porque en ese momento está creando y alimentado lo que eventualmente será parte de su realidad.

Este no es un único paso. Es decir, de solo imaginación no se crean realidades. También es necesaria la acción consciente y todo el proceso que implica transitar el camino, pero la imaginación le da un combustible energético que suma, nos fortalece y nos permite experimentar en las sensaciones lo que eventualmente evidenciaremos con nuestros cinco sentidos.

LA TAREA

◇ Como parte de tu trabajo creativo, incluye esta práctica que además de ser productiva, será reconfortante y divertida. Estarás por un momento conectado con la sensación de experimentar lo que todavía no puedes ver con los ojos, pero reconocerás con el alma.

◇ Puedes hacerlo en un momento particular del día, por ejemplo, en la noche, antes de descansar, entrando en el sueño con esos pensamientos. Si meditas, puedes dedicarle un momento a este proceso en tu práctica.

◇ Lleva la atención a ti, a tu corazón. Respira profundo varias veces hasta que tu cuerpo esté calmado y sin distraerte. Esto no significa que no haya distracciones, porque en el entorno siempre habrá un sonido que por suave que se presente lo percibiremos. Pero este sonido no nos distraerá si lo observamos sin involucrarnos. Simplemente lo escuchamos con atención y poco a poco perderá fuerzas.

◇ Imagina transitar el espacio donde ya ocurre eso que deseas concretar. Visítalo como observador, siendo un testigo de cada detalle. Observa colores, texturas, distancias e identifica aromas. Compromete todos los sentidos posibles en disfrutar de la experiencia. Entrégate con la inocencia de un niño al jugar, sin limitarte, sosteniendo las imágenes y tu gozo al experimentarlas.

◇ Para esta práctica, podemos recurrir al espacio físico relacionado con lo que queremos manifestar. Relacionarnos con personas ya involucradas a esa experiencia, sostener conversaciones que nos hagan sentir esa vivencia y, sobre todo, poner atención a nuestras sensaciones.

◇ Debemos estar alertas en no confundir esta experiencia con hacer contactos con personas que pudieran ayudarnos. Eso, seguramente, ocurrirá como consecuencia de nuestro trabajo interno. Lo que buscamos en este momento es generar una experiencia interna de gozo enfocada en nuestra intención. El propósito es conectar con esa energía y fortalecer el trabajo interno.

25

Las enseñanzas del fuego

El fuego es uno de los elementos más poderosos de la Naturaleza. Y también, un gran maestro. Hace unos años, había tomado unos días de descanso, en soledad y en silencio, en el mismo lugar donde realizamos los *Spiritual Boot Camp*, los retiros espirituales que comencé a realizar hace casi diez años. Este es un lugar alejado de la ciudad, al norte de Manhattan, donde la naturaleza, con río y bosque incluidos, nos permiten volver fácilmente la mirada a nosotros. La Naturaleza, por muy atractiva que sea, siempre nos devuelve la atención. Incluso cuando nos quedemos encantados frente a un amanecer, por ejemplo, será inevitable que unos segundos después volvamos la atención a nosotros mismos, a observarnos y prestarnos atención. Así de generosa es la Naturaleza, que no pide nada a cambio.

En este espacio, como una tradición de los retiros, los sábados culminamos la noche con una fogata inmensa. Aquellas noches son maravillosas, porque el bosque ofrece todos sus encantos en verano o al finalizar el otoño, las dos épocas del año que lo visitamos. Pero esta vez regresé en el mes de enero, en pleno invierno y con temperaturas que se acercaban a los 20 grados centígrados bajo cero. Muy frío. Y decidí hacer mi fogata. El viento helado soplaba y no podía encender la leña que, además, estaba congelada. El residuo de agua que quedaba en la humedad de los retazos de madera se había convertido en hielo. Insistí de todas las maneras posibles, hasta que agitando unos cartones fui aumentando la temperatura de las brasas para que el fuego se expandiera al resto de la madera.

Parecía que estaba a punto de lograrlo, pero no resultaba. Hasta que después de tanto insistir, dejé de mover el cartón y renuncié a la idea de la fogata. En ese momento, el fuego se encendió.

Este fue el primer aprendizaje de esa noche con el fuego. Recordé que cuando en el campo se preparaba el fuego para luego tener brasas para el asador, me decían: «Tienes que prepararlo, acomodar la leña, encender el fuego y soplarlo un rato. Pero hasta que no dejes de soplar, no encenderá».

En los procesos de la vida, ocurre algo similar. Debemos hacer nuestra parte, cultivarlo en nosotros, tomar acciones conscientes, cuidar que esa energía vaya tomando forma, pero hasta que no dejemos de hacer, la vida no podrá concluir el proceso. Porque el último paso está en manos de la Naturaleza, de Dios.

Cuando el fuego estuvo encendido, el viento comenzó a soplar más fuerte y la noche se puso cada vez más fría. Había decidido esperar el amanecer en el bosque y mi único recurso para tener calor era la fogata. Pero el viento que antes había sido una amenaza porque me impedía encender el fuego, ahora, por el contrario, hacía que las llamas tuvieran más fuerza.

Comprendí que no era asunto del viento. Que el viento no tenía poder de hacer más de lo que yo hiciera para potenciarlo. Cuando no podía encender las brasas, el viento apagaba el fuego, pero cuando ya estaba encendido le daba fuerzas a las llamas.

En nuestra vida, ese viento muchas veces no está a favor y otras veces está consistentemente en contra. El viento es la gente que no nos apoya, que trata de detenernos, las creencias de nuestro entorno, la falta de algún recurso que imaginamos como determinante y toda circunstancia que pueda mostrarse opuesta a nuestro propósito.

Si ponemos atención al viento en lugar de encender el fuego, es posible que no podamos encenderlo y nos quedemos con la idea de que no pudimos «por culpa del viento». Pero si nos empeñamos en encender el fuego, no hay viento que pueda hacernos daño, porque incluso cuando más fuerte sople, más altas subirán nuestras llamas.

Cuando un alma llega al mundo, viene equipada con dones y recursos para poder «hacer realidad» o manifestar en este plano físico su propósito. Eso que le dará sentido a su vida y lo que permitirá aportar a la vida de otros. En un plan mayor, la asistencia del otro se vuelve parte de nuestro camino. Nuestro diseño es individual, pero nuestro propósito se enmarca en lo colectivo. Si viniera al mundo con mis dones sin poder tener a quién ofrecérselos, el sentido de ellos se perdería, porque activarlos y desarrollarnos tienen como propósito final compartirlos. De la misma manera, ocurrirá que en determinado momento los dones de otra persona serán una pieza clave para nosotros. Pero nada de esto ocurrirá a través de la manipulación, las obligaciones o la especulación. El proceso se irá desarrollando de manera espontánea mientras nosotros vamos haciendo nuestro trabajo individual, que es ser coherentes con nuestro corazón.

Estamos asistidos. Esa es la confianza que debe liderar nuestro transitar. No solamente asistidos por condiciones internas sino que también hay situaciones externas que no están bajo nuestro control, pero que jugarán a nuestro favor cuando le entreguemos la parte del trabajo que les corresponde.

En mis conferencias, suelo explicarlo con números. Si el camino de ir desde un pensamiento a la manifestación concreta, es decir, desde la idea de un viaje a estar sentado en el avión despegando hacia ese destino, pudiera ser cuantificado, lo definiríamos en 10 pasos. Del primero al noveno estamos en control. Al principio, deberemos cultivarlo en nosotros, decidirlo, ir tomando acciones conscientes, sostenerlo hasta que cumplamos con nuestra parte.

Pero el último paso no está bajo nuestro control, aunque sí en nuestro poder. No significa que alguien más tenga el poder sobre nuestro destino. Sigue siendo nuestro, porque lo que ocurrirá está determinado por nosotros, en nuestra intención, pero ese último paso será ejecutado por factores que no podremos controlar. Pero sí hay algo que hacer de nuestra parte: confiar y entregar. Entregarlo a la vida, a Dios o al Universo. No es tan importante la forma en que hayamos imaginado ese poder que trabaja con nosotros, pero es necesario confiar en la complicidad de esa energía que forma parte de la concreción de nuestros sueños, esos que se manifiestan como deseos del corazón.

Porque para que suceda, hay un momento para hacer, y otro para dejar de hacer. Permitir, confiar y entregar.

LA TAREA

◇ En cada capítulo de este libro has encontrado ideas para ejecutar el 90% de lo que implicaría hacer tu parte del trabajo. Desde poder discernir con el corazón dónde enfocar tu energía, hasta la forma de ir cultivándola, revisando la energía que no suma y creando las condiciones para verla realizada. Por lo tanto, lo que debemos hacer está claro. Ahora nos ocuparemos del momento de dejar de hacer, o cuando lo único que tenemos que hacer es confiar.

◇ Para reconocerlo, como siempre, usaremos nuestro corazón. Habrá un momento en que pensando o haciendo eso que antes nos producía bienestar y nos entusiasmaba, se sentirá diferente. Desde el aburrimiento, uno de los primeros en aparecer, hasta una sensación de pesadez, avisándonos que lo que estamos haciendo ya no nos corresponde. Ese es el momento de dejar de hacer. No podremos confundirlo con una actitud de desgano o pereza, porque cuando dejamos de actuar por pereza, no nos sentimos en paz. En este caso, estaremos en paz dejando de hacer. Siempre, la paz interior será el calibre que determinará con veracidad nuestros sí y nuestros no.

◇ Si a muchos nos cuesta ponernos en marcha, creo que es mayor el desafío de dejar de hacer, sobre todo cuando comienza a surgir la expectativa de ver los frutos de lo realizado. Por eso, en este punto sugiero seguir en marcha, pero con un nuevo propósito. La tarea es poder poner la atención de este último paso donde la necesidad de seguir controlando se mezclará con el apuro de ver concreciones, para comenzar a transitar un nuevo proyecto, una nueva aventura. Y mientras menos nos ocupemos de lo que ya no nos toca, facilitaremos que la vida termine de hacer su parte.

26

Todos somos inspiradores

Siempre alguien nos está mirando. Las personas que nos rodean aprenden de nosotros, no solamente por lo que escuchan, lo que seguramente les aportará ideas, sino también por lo que ven en nosotros. Aprenden de lo que somos y de lo que hacemos. Entonces, el mejor servicio que podemos dar al mundo es hacer lo que queremos que los demás hagan. Comenzar por nosotros, porque siempre alguien nos mira.

Hay una lección que aprendí en el taller de mi padre. Él es electricista y de niño yo pasaba algunas horas en su taller porque allí llegaba gente a conversar y compartir, y lo disfrutaba mucho. En primavera, el taller solía poblarse de ventiladores de techo que traía la gente del pueblo cuando comenzaban a prepararse para la llegada del verano. Con los primeros días de calor, se daban cuenta de que su ventilador no funcionaba.

En esos meses, el piso del taller se poblaba de ventiladores de techo y en muchos de ellos, el polvo que traían dejaba ver la falta de uso en nuestros fríos inviernos en el sur del continente. Pero algo mágico ocurría en todo el salón cada vez que mi padre arreglaba uno. De repente, los que estaban esperando el turno para ser arreglados comenzaban a moverse. El impulso de un ventilador funcionando generaba viento suficiente para comenzar a mover a los demás. Yo tenía 5 o 6 años y este descubrimiento me tenía impactado. Al funcionar uno, los demás comenzaban a moverse. Y ese movimiento, todavía suave, les hacía soltar ese polvo que tenían sobre ellos.

Cuando lo veo a la distancia, esas tardes me dieron una nueva visión de lo que significa ayudar y asistir a otros. Con el solo hecho de que uno se ponga en movimiento, los demás comienzan a hacerlo.

Esto cambió mi idea de ayudar a los demás, ya que siempre había pensado el acto de la ayuda en una relación de dos, pero comenzando por la necesidad del otro. Y, desde este punto de vista, no siempre es posible la ayuda y, además, solemos perder nuestra energía al hacerlo, tratando de convencer, explicar y hasta manipular de alguna manera.

Otro «darme cuenta» me sucedió recientemente en una clase de pilates. En un momento, mientras escuchaba claramente que el instructor decía que levantáramos el brazo derecho, yo levantaba el izquierdo. Aun cuando estuve alerta, tardeé unos segundos en que mi cuerpo reaccionara. Me detuve un momento para tratar de entender qué me sucedía, ya que resultaba extraño que escuchando el mensaje claramente mi cuerpo hubiera reaccionado de esa manera. Y al mirar al espejo, me di cuenta de que la persona que estaba a mi lado estaba levantando la mano equivocada. Y su reflejo fue suficiente para que sin filtrar ese mensaje, mi cuerpo comenzara a hacer lo que el otro hacía, aun cuando la instrucción era diferente.

En algún punto, terminamos conversando, consumiendo o sumándonos a lo que los demás conversan, consumen o hacen. O no. Esa es la decisión que podemos tomar si estamos alertas. Y en el sentido opuesto, es posible que los demás terminen haciendo lo que nosotros hacemos.

Regresando al taller de mi padre, cada vez que arreglaba un ventilador los dejaba colgados funcionando para prueba, unos minutos. Desde un banquito, que era mi trono en ese lugar, comenzaba a lanzarle bolitas de papel. Y para mi sorpresa, estas regresaban. Volvía a lanzarlas y regresaban nuevamente. El acto mágico ocurría después. Cuando el ventilador alcanzaba su máxima velocidad y desaparecía para transformarse en una nube de metal, apenas imperceptible. Pero en ese estado era cuando más aire repartía en todo el lugar.

Si fuésemos esos ventiladores, no solo ofreceríamos nuestra ayuda a los demás, sino que nada nos protegería más del entorno que ocuparnos de nosotros. Somos nuestra mejor protección. Nuestra presencia en un lugar, haciendo lo que sabemos hacer y enfocados en hacerlo, mirándonos a nosotros sin perder energía en el entorno, no dejaría que nada externo y extraño se nos acercara. No podría. La energía que emitimos no lo dejaría. Lo que los demás dicen de nosotros, la negatividad, la envidia o cualquier energía que no nos sume, quedaría fuera de nuestro entorno inmediato. Al acercarse a nosotros, regresaría a donde salió. Así como los bollitos de papel.

Y con aquellos ventiladores también aprendí que somos más útiles cuando menos nos hacemos notar. Cuando el ventilador estaba en su máxima velocidad, prácticamente era imperceptible a la mirada. Pero todos alrededor estábamos disfrutando de su aire. En definitiva, inspirar no es asunto del ego. Cuando menos nos hacemos notar, más efectivo es el alcance de lo que podemos ofrecer.

«¿Por qué los puedes arreglar tan rápido?», le pregunté a mi padre, asombrado de que en una tarde solía encontrarle solución a la mayoría. «Porque el problema no es del motor, sino de la conexión con la electricidad. Al tomar temperatura con el uso, se rompen los cables», me dijo.

Y pensé que lo mismo nos sucede. Nuestro motor no es el problema. Todos venimos con los elementos necesarios para funcionar en nuestro máximo potencial, pero el abuso de nuestro cuerpo, ya sea físico, mental o emocional, nos va desconectando del alma, de nuestra fuente de energía primordial.

«¿Y por qué el control de los ventiladores no son como los de la luz, para encender y apagar, sino que tienen tantas velocidades?», volví a preguntar con insistente curiosidad. «Porque si llegara toda la energía de una vez, el motor explotaría». Y entendí que nuestros procesos no son de un día para otro. Son poco a poco.

LA TAREA

◇ Darnos cuenta de que somos inspiradores implica despertar una conciencia de responsabilidad que cambia nuestra relación con el mundo. Cuando algo no nos guste, en lugar de la queja o el enojo, podremos preguntarnos: «¿Qué puedo hacer yo para inspirar un cambio en esta situación?». Así, saldremos de la vieja forma de ayuda a través del consejo y la orden, que tan poco efectiva ha sido en nuestra historia, para elegir esta manera silenciosa de colaborar con un cambio positivo en donde podremos aportar. Para eso, te propongo llevar unas notas sobre lo que les diríamos a los demás, los consejos que les daríamos y las sugerencias para generar ese cambio. Y transformar esa lista en nuestro propio plan de acción. Si lo hacemos para demostrarles a los demás que podemos hacerlo, desde la personalidad, es posible que debamos esforzarnos y convivir con la frustración. Pero lo haremos como experiencia personal, concentrando la atención en nosotros, en lo que podemos hacer y en hacerlo lo mejor posible en cada momento. Eso nos dará satisfacción, nos permitirá despertar nuestro gozo interno porque estaremos actuando desde el corazón y podremos estar en paz, porque nuestra parte está siendo realizada. Y este entusiasmo despertará el interés y las motivaciones de quienes nos rodean. Poco a poco, comenzando con nosotros.

◇ También podemos usar este recurso para inspirarnos. En el capítulo donde descubrimos el rol del inspirador, aprendimos que en ellos podemos ver nuestras cualidades reflejadas para asumirlas en nosotros y desarrollarlas. Y esta posibilidad se potencia cuando podemos compartir espacios o tiempos con ellos. De tanto observar al pájaro volar, nos crecerán alas.

~~~~~~~~~~~~~~~~~~~~~~~~~~~~~~

Los regalos del corazón

Más allá de las capacidades intelectuales, los seres humanos estamos ante la evidencia de que esta forma de inteligencia de la que nace el pensamiento tradicional no es la única para guiar nuestro destino. La ausencia del corazón en nuestras vidas ha ido construyendo, como hemos visto, un mundo donde la diversidad nos va alejando en lugar de crear lazos, la superación está ligada a ganarle a otros y las relaciones humanas a estrategias sociales, más que a un llamado sensible y honesto de nuestro ser. Pero esta etapa no podría ser tan extensa, porque no representa las virtudes del ser humano en sí, sino del momento en que dejamos de escuchar al corazón. Y eso pasará.

Para poder manejarnos con armonía en nuestros días, necesitamos ser guiados por nuestro corazón. Su inteligencia, que también es nuestra, se revela cuando ponemos atención a lo que sentimos y se fortalece cuando la honramos en nuestros actos cotidianos. Hay un campo universal de información dispuesto a abrirse cuando bajamos de la cabeza al corazón, y buscamos allí una respuesta que complemente las de nuestra personalidad.

Nuestro corazón nos ofrece regalos que nos permiten ir más allá de las explicaciones que nuestro intelecto pueda encontrar a una determinada situación, más allá de los límites que nuestros miedos puedan poner y, sobre todo, más allá de lo que hemos creído ser. El corazón nos acerca a la verdad sobre quiénes somos y a la verdad de lo que ocurre a nuestro alrededor. No hay densidad que se resista ante una actitud que nace del corazón. Las obstrucciones que la vida parece presentarnos se diluyen a medida que vamos recibiendo sus regalos.

Bondad

Ser bondadoso no es solamente ser bueno. El «ser bueno» está ligado a complacer los cánones de la cultura a la que pertenezcamos. Por eso nos cuesta tanto hacer el bien por el otro, porque lo bueno para mí es diferente a lo bueno para ti.

Ser bondadoso es poder ser útil ante una situación, prestando atención no solo a la necesidad del otro, sino a cómo puede recibirla. Es desarrollar una manera agradable de conducirnos por la vida. Y esto es natural cuando nos dejamos guiar por el corazón. La bondad aparece espontáneamente cuando nos permitimos ser quienes somos, dejando en segundo lugar las estrategias de la personalidad. La bondad no es una postura, sino una actitud natural que nace de un contacto sincero con nosotros mismos. Y al hacerlo con nosotros, podemos hacerlo con los demás.

La bondad nos abre a la generosidad, porque confiamos en nosotros mismos y no tememos perder. La mezquindad y el egoísmo no tienen lugar en quien reconoce sus dones y los pone al servicio de los demás. Cuando actuamos con bondad, desarrollamos especial sensibilidad y empatía sin caer en la tentación del dolor, permitiéndonos apreciar lo que ocurre con agradecimiento.

Para activar la bondad, podemos preguntarnos:
- ¿Es esta la manera más amorosa de ver esta situación o a esta persona?
- ¿Estoy ofreciendo lo mejor de mí en este momento?
- ¿Cómo me siento cuando hago esto por la otra persona?
- ¿Estoy observando lo que el otro realmente necesita?
- ¿Cuido que mis palabras sean respetuosas?
- ¿Busco un bien mayor para ambos?

Creatividad

Cuando la razón nos muestre un límite, el alma nos ofrecerá una opción. Siempre nos recuerda que hay otra manera y nos alienta, con su energía entusiasta, a ir por ella.

Ser creativos implica reconocer la posibilidad que todos tenemos de iniciar, de ponernos en marcha hacia algo nuevo y también de transformar lo que no nos gusta o no se siente bien. ¿Dónde quedarían nuestras angustias si recordáramos que siempre podemos volver a elegir? Ese es un regalo que llega del alma. Por eso, cuando alguien me cuenta su historia y veo que solo está consciente de una parte de ella, la que le duele, lo invito a bajar al corazón, que refleja la paz del alma. Allí siempre habrá una nueva respuesta y con ella el inicio de un nuevo camino por recorrer.

Los líderes que en cada etapa de la humanidad han permitido que esta evolucione a través de descubrimientos o innovaciones, han escuchado a su corazón. Luego, muchos de ellos han usado las ciencias para darle un camino a su propósito, pero ese primer impulso que los llevó a investigar nació de su corazón. Si el corazón no está involucrado, es posible que lo que estemos haciendo sea más de lo mismo, incluso cuando nuestra personalidad trate de magnificarlo.

Los verdaderos aportes que se han sostenido en el tiempo y nos han permitido avanzar llegaron de seres como Albert Einstein, Alexander Fleming, Thomas Edison o Steve Jobs, que supieron confiar en su corazón y sostener lo que era una verdad para ellos para transitar un camino con oponentes y desafíos, pero haciendo que su propia luz les abriera paso. La buena noticia es que todos podemos hacer un camino de innovación, allí en el área de nuestra vida donde sea necesario, porque todos tenemos un corazón creativo.

La confianza en nosotros mismos, la firmeza en sostener nuestros proyectos, la capacidad intuitiva, la imaginación fértil, el entusiasmo y la curiosidad florecen desde el contacto con nuestro corazón.

Para activar la bondad, podemos preguntarnos:
- ¿Hay otra manera de ver esta situación?
- ¿Es este el camino que se siente mejor?
- ¿He tomado tiempo para reflexionar sobre este proyecto?

Belleza

Hace algunos años transité una fuerte depresión. Era un momento de muchas transiciones y no estaba eligiendo los caminos que el alma me presentaba con obviedad. No los aceptaba, y en su lugar elegí los que me convenían en ese momento. Las alertas fueron evidentes y comenzaron con un desgano general. Me sentía abatido y la tristeza se instaló en mis días. Cuando todo parecía gris, recuerdo haber tomado conciencia de lo que estaba ocurriendo y ante la pregunta de ¿para qué está sucediendo esto?, comenzaron a aparecer las respuestas.

Mientras tanto, la tristeza hacía lo suyo, pero comencé a evidenciar cierta belleza en todo el proceso. Empecé a encontrarme con momentos de profunda paz y desde allí pude observar mi cuerpo y mis emociones tal y como se presentaban. Y la belleza se revelaba dejando ver la perfección con que la vida obra en todo momento. Todo lo que ocurría tenía sentido. Fue como ver una danza gris, que no me encantaba, pero que estaba allí haciendo su juego para que la viera. Esa visión fue un regalo del corazón, ya que al abandonar los juicios, las especulaciones y las expectativas, pude percibir las cosas tal y como se presentaban.

Cuando dejamos de querer saberlo todo, entenderlo todo y llegar a las conclusiones que necesita la personalidad, pero no el corazón, la belleza se asoma en todo lo que nos rodea. Y un profundo gozo nos invade.

Este regalo del corazón nos permite recibir en paz incluso las circunstancias desfavorables. Claramente, la belleza del corazón no está determinada por los estándares estéticos que rigen desde la personalidad, sino de la observación profunda y serena del alma.

Viktor Frankl, el neurólogo y psiquiatra austríaco que sobrevivió a los campos de concentración durante la Segunda Guerra Mundial, en su libro *El hombre en busca de sentido* relata cómo en esos días terribles se alimentaban con una cabeza de pescado flotando en agua sucia, pero eligió ver la belleza en eso que la vida le ofrecía en ese momento, en lugar de enfocarse en todo a lo que no podían acceder en esas circunstancias. Y esa actitud le permitió sobrevivir emocionalmente a esos días. También es memorable el relato de la película *La vida es bella*, donde el padre, un judío italiano dueño de una librería, usa su imaginación para proteger a su pequeño hijo de los horrores de un campo de concentración nazi contándole una historia bella de lo que ocurría. La historia está inspirada en la experiencia real del padre de su autor, director y actor del personaje principal Roberto Benigni, que logró sobrevivir a tres años en los campos de concentración de Bergen-Belsen.

Si en los momentos de dolor, bajamos al corazón, la belleza florecerá aunque sea tímidamente, para que con ella podamos trascender las peores circunstancias.

Para activar la belleza, podemos preguntarnos:

- ¿Me permito reconocer el mensaje de la vida detrás de esto?
- ¿Puedo ver esta situación como una circunstancia y diferenciarla del camino?
- ¿Estoy dispuesto a descubrir las bendiciones que esta situación me ofrece?
- ¿Puedo fortalecerme con esta experiencia?
- ¿Qué regalos me trae esta experiencia?

Aceptación

Si bien el amor está presente en todo lo que el corazón nos da, en la aceptación es donde más claro podemos evidenciarlo. La aceptación abre las puertas para que el amor entre y se instale. No podemos amar a alguien sin antes haberlo aceptado como es, porque si no el control y el deseo de que el otro sea diferente no nos dejará espacio para encontrarnos. Y el amor necesita un lugar de encuentro.

Nos cuesta aceptar porque, como lo comenté en otros capítulos, creemos que aceptar implica estar de acuerdo y terminar favoreciendo el punto de vista del otro. En realidad, la aceptación poco tiene que ver con los demás, quienes la inspiran, pero ocurre en nosotros y es un trabajo personal. Aceptar implica dejar de desear que lo que ocurrió haya sido diferente a como ocurrió, o dejar de desear que una persona sea diferente a quien realmente es. Es un trabajo personal que hacemos para soltar las ideas que teníamos y no nos dejaban ver la realidad tal y como se presenta. La recompensa es compartida, pero primero la recibimos nosotros, porque cuando aceptamos podemos estar en paz y ese logro es supremo.

Esa tarea no ocurre en la mente, porque de alguna manera querríamos insistir en que los demás sean como nosotros esperamos, muchas veces llamándole «amor» a esa actitud. Este trabajo comienza en la mente, porque es necesario que soltemos la necesidad de tener razón, pero solo el corazón puede sellar un auténtico trabajo de aceptación. Si creemos haber aceptado, pero no estamos en paz, es que estamos en un entretiempo para buscar nuevas estrategias y seguir controlando.

Si bajamos al corazón, actitudes tan valiosas como la compasión y la dulzura se harán más fáciles. Porque la aceptación abrirá esa puerta.

Para activar la aceptación, podemos preguntarnos:
- ¿Estoy dispuesto a dejar de tener razón y estar en paz?
- ¿Aún necesito entenderlo todo antes de aceptar?
- ¿Deseo que alguien pague por ese error?
- ¿Deseo realmente estar en paz con esa persona?

Abundancia

Este es uno de los regalos más expansivos del corazón. Desde su visión, todo está siempre en movimiento y crecimiento. A veces, en sentido cuantitativo y otras en nuestras vivencias internas, profundizando nuestra relación con lo que nos rodea y, claro está, con nosotros mismos. La vida misma generando más vida.

Sucede que nuestro corazón no reconoce los límites de la personalidad y nos permite obrar sin miedo. Todos los recursos internos se despiertan cuando usamos el corazón, desde la valentía, la confianza, la certeza y el entusiasmo. No podría resultar de otra manera que no sea en abundancia.

A través del corazón estamos conectados a la fuerza vital que mueve el universo mismo, por eso lo que nace de él va cobrando forma en este plano físico de manera espontánea, donde nuestro trabajo es el de acompañar el proceso, pero con el corazón guiándonos.

Para activar la abundancia, puedo preguntarme:

- ¿Me reconozco partícipe de este proceso de creación?
- ¿Acepto como real este límite que se me presenta o reconozco una idea de mi personalidad?
- ¿Me permito ser asistido por lo invisible en esta situación?
- ¿Puedo aceptar que mi realidad puede manifestarse de otra manera?
- ¿Estoy dispuesto a recuperar mi poder personal?

Palabras finales

Gracias por recorrer estas páginas. En materia del alma, no todo está dicho y aún hay mucho por hacer. Lo importante es darnos cuenta de que no hay un camino rápido para bajar de la cabeza al corazón. Puede que ocurra en un momento, pero ese momento será el resultado de muchos días de trabajo interno, cuestionando nuestra manera de percibir el mundo, el modo de percibirnos a nosotros y de tomar las decisiones que nos llevan a vivir la vida de la manera que elegimos.

Pero estoy seguro de que mientras más íntima sea nuestra relación con el alma, el camino se hará cada vez más fácil. La fuerza interior es tan poderosa que nada se resiste a ella.

Te invito a seguir la conversación. Este libro representa un momento de este camino, pero la vida siempre nos muestra nuevas posibilidades. Me encantaría seguir compartiendo nuevas experiencias y nuestras ideas en las redes sociales. Allí te espero.

ECOSISTEMA DIGITAL

NUESTRO PUNTO DE ENCUENTRO

www.edicionesurano.com

2 AMABOOK
Disfruta de tu rincón de lectura
y accede a todas nuestras **novedades**
en modo compra.
www.amabook.com

3 SUSCRIBOOKS
El límite lo pones tú,
lectura sin freno,
en modo suscripción.
www.suscribooks.com

DISFRUTA DE 1 MES
DE LECTURA GRATIS

AB

SB suscribooks

quiero**leer**

1 REDES SOCIALES:
Amplio abanico
de redes para que
participes activamente.

4 QUIERO LEER
Una App que te
permitirá leer e
interactuar con
otros lectores.